基石

企业长青必备的八个基因

王靖飞 / 著

中国商业出版社

图书在版编目（CIP）数据

基石：企业长青必备的八个基因 / 王靖飞著 . -- 北京：中国商业出版社，2019.12
ISBN 978-7-5208-0968-9

Ⅰ . ①基… Ⅱ . ①王… Ⅲ . ①企业经营管理 Ⅳ . ① F272.3

中国版本图书馆 CIP 数据核字（2019）第 241972 号

责任编辑：巫皆富

中国商业出版社出版发行
010－63180647　　www.c-cbook.com
(100053　北京广安门内报国寺 1 号)
新华书店经销
北京紫瑞利印刷有限公司印刷
*
710 毫米 ×1000 毫米　16 开　15 印张　191 千字
2019 年 12 月第 1 版　2019 年 12 月第 1 次印刷
定价：58.00 元

* * *

（如有印装质量问题可更换）

前言
PREFACE

在猝死的商业时代，如何让企业长青？

前段时间，山东晨曦集团宣布破产。一石激起千层浪，这家两年前还是山东最大的、助其董事长成为山东首富的企业，怎么在短短700多天之后就走到了末路？这其中的原因已经被分析过很多次了，比如前期扩张过快、资金回收不畅、管理层混乱、产品创新落后等，无论是哪一种，似乎都能解释，也似乎都不足以解释晨曦集团为什么极速猝死？

如今是一个不缺新兴企业迅速崛起的时代，比如，Facebook短短十几年就成了市值千亿的超级公司；阿里巴巴也仅凭借十几年的"资格"就坐上了中国最大企业的宝座；亚马逊公司也不过20多年，已经成为世界最大的电商平台……这些企业抓住了经济大势的变幻，迅速做大，成了世界经济的重要力量。

毫无疑问，这些企业都不会满足于当下的发展，而是要励志做长久的企业。就像马云说的："阿里巴巴要做102年。"当然，阿里巴巴到底能做多久，不是马云能预料的。但是，将企业做成百年企业，甚至做成长青企业，是马云的心愿，他也一直朝这个方向努力。

相信马云的心愿也是马克·扎克伯格、乔治·贝佐斯的心愿，是每位创业者憧憬的美好未来。但从经营那天开始，企业每天都在面临着生与死的考验，哪怕是企业做大了，上市了，成为寡头了，依然容易迷失方向，最终走向灭亡。

所以，企业想做成"百年长青"是非常困难的，猝死成了所有企业的梦魇。无论规模大小，若一招不慎，都有可能成为时代发展的牺牲品。就像历经沉浮100多年的诺基亚、近百岁的摩托罗拉，已在时代的旋风过后一起迷失了；曾经霸主般存在的柯达公司，在对手尚未形成进击之力的情况下竟然自行"安乐死"了；即便是已经存活了1000多年的金刚组，也因为过度扩张没能逃过日本经济萧条的影响而彻底没落了。

企业长青就是这样一边考验着企业生存的神经，一边被企业家们不断追逐着。毕竟一家企业成立的使命都是长存，而不是消亡。所以，对抗"消亡"，引向"长青"，是所有企业拥有者的必胜使命和终身事业。本书就是基于如何达到企业长青的研究，众多企业的失败迫使我们需要重新思考这一命题，并找到一个更为本源、更为系统的研究体系，来解开企业的长青之匙。

什么样的企业才能够"基业长青"呢？

可以从产品聚焦、用户连接、IP打造、平台黏性、组织极简、创新内驱、寡头模式、生态建设八个方面入手。这也是本书希望读者了解的内容。

当然，这八个方面适用的范围并不一致，对于创业型企业只适用于前面三到四项，对于成长型企业的适用范围就多了一两项，而对于成熟型企业则都能适用。

这八项对于任何以"长青"为目标的企业都有巨大的帮助，因为这是总结世界上众多超过百年的企业后的经验，都是这些企业"长青"而不衰的好方法。看看法国的爱马仕、轩尼诗，德国的博世，意大利的古驰，丹麦的乐高，美国的福特等，它们都有着让企业"长青"的基因。

如今我们找到了这种"长青基因"的组合方法，在此公示给所有现在的企业家和未来的企业家。

不可否认，实现企业的基因长青，永远是说起来简单，实践起来难。但不管怎么难，也还是要做，这是做企业的使命，也是企业家的信仰。

这是最坏的时代，因为时刻会猝死；这是最好的时代，因为有机会死中得活。所以，一定要记住：基业长青，不仅是一种经营哲学，更是一种经营的必然选择。只要走上做企业这条路，目标就只能有一个——基业长青，否则做与不做又有何意义呢！

目 录
CONTENTS

第一章 聚焦：集中力量，驱动企业换道超车 ········ 001

1.1 没有一件产品能够适用所有的用户 ········ 002

1.2 圈定优势市场，打造单品根据地 ········ 006

1.3 老产品做核心，新产品要聚焦 ········ 009

1.4 找到能潜入用户心智的专属字眼 ········ 013

1.5 创新持续，产品持续 ········ 015

1.6 多梯次聚焦打造战略单品 ········ 020

1.7 深耕单品，以品类带动品牌 ········ 024

第二章 用户：用10%的力量实现70%的业绩增长 ········ 029

2.1 定义：超级用户的价值是普通用户的数倍 ········ 030

2.2 转变：用户成为企业的重要成员 ········ 034

2.3 识别：利用洞察工具找目标用户 ········ 037

2.4 触点：用小业态模式吸引种子用户 ········ 040

2.5　连接：利用"爆款"建立与超级用户的关系 ……………… 045

2.6　加深：让用户体验成为黏住超级用户的强力胶 …………… 048

2.7　熵增：剔除影响超级用户降级的因素 ……………………… 052

2.8　变现：超级用户的存在就是实现更多价值 ………………… 057

第三章　IP：制定未来商业游戏的新规则 ……………… 061

3.1　把单品打造成IP，衍生更多价值 …………………………… 062

3.2　在企业发展需求上做IP定位 ………………………………… 066

3.3　为IP打造一个视觉锤 ………………………………………… 071

3.4　赋予IP人格，让IP活起来 …………………………………… 074

3.5　利用仪式感为IP赋能 ………………………………………… 077

3.6　围绕IP文化建立社群，使IP更稳固 ………………………… 080

3.7　IP创新要持续，维护更不能少 ……………………………… 083

第四章　平台：连接多边使用群体，保持供需两端黏性 ……… 087

4.1　未来最大的机会在于平台型企业 …………………………… 088

4.2　根据企业所站梯队做平台 …………………………………… 091

4.3　定义多边使用群体，设定付费与被补贴方 ………………… 096

4.4　利用"网络效应"实现平台合理化搭建 …………………… 099

4.5　确定平台的开放程度 ………………………………………… 103

4.6　决定平台关键盈利模式 ……………………………………… 105

4.7　平台从建立到进阶的全过程 ………………………………… 110

第五章　极简：把企业做轻、做小，把价值做大、做牢 …… 117

 5.1　别做累死在路上的短命企业 …… 118
 5.2　管理极简：减少多余管理层级 …… 122
 5.3　流程极简：只保留必须环节 …… 126
 5.4　组织极简：扁平化的企业才有未来 …… 130
 5.5　人员极简：用最少的员工撬动最大的利润 …… 134
 5.6　成本极简：减少自由资金支出，保证充足现金流 …… 136

第六章　内驱：最好的创新源自内部驱动 …… 141

 6.1　优秀的企业都是自我驱动变革 …… 142
 6.2　自驱要从企业内部开始调整 …… 146
 6.3　反省程度越深，自驱力度越强 …… 149
 6.4　保持竞争意识，不满足当下 …… 153
 6.5　不断求新，始终保持领先一步 …… 157
 6.6　在问题中找到自驱路径 …… 161
 6.7　允许犯错，在试错中不断成长 …… 166
 6.8　变革日常化，创新不是偶然行为 …… 171

第七章　寡头：打造市场洗牌剩下的"超级物种" …… 175

 7.1　未来的企业，只有寡头才能C位出道 …… 176
 7.2　步骤一：找到行业细分和区域突破点 …… 179
 7.3　步骤二：打造全新盈利点的商业模式 …… 183
 7.4　步骤三：找到与寡头高度匹配的合伙基因 …… 188

- 7.5 步骤四：合理设计股权架构，引爆寡头效应 ············ 191
- 7.6 步骤五：借助上市市场力量实现价值最大化 ············ 201

第八章 生态：未来企业的竞争是圈与圈的竞争 ············ 205

- 8.1 商业竞争就是生态圈的竞争 ························ 206
- 8.2 "共生、互生、再生"是构建生态圈核心 ············ 209
- 8.3 把核心业务做到顶级再发展生态链 ················ 213
- 8.4 建立中下游生态链，为核心业务服务 ············ 216
- 8.5 找到与生态圈匹配的合作对象 ···················· 220
- 8.6 不断跨界、不断延展，壮大生态圈 ················ 224
- 8.7 根据竞争对手的动态吸纳新生物 ·················· 227

第一章
聚焦：集中力量，驱动企业换道超车

"伤其十指，不如断其一指"，这是战争中的经典理论。商战也是如此，在资源有限的情况下，必须做到集中力量打击对手与驱动自己，让所有力量聚焦于一点，形成单点突破，如此才能让企业形成马力最强大的发动引擎，最终实现从外道超车。

1.1 没有一件产品能够适用所有的用户

产品能立足于市场，需要得到消费者的认可。那么，这个消费者认可的程度应该是多少呢？是全部消费者，还是部分消费者，还是只需要某一类消费者？这个问题的答案涉及"产品定位"的概念。

产品定位是指确定产品和企业在消费者心中的形象和地位，这个形象和地位应该与同行业的企业和产品有明显的差异化，通过这个差异让消费者能够对产品产生固定的联想。企业正是基于此种目的，将产品打造得具有鲜明的个性或特色，并将这种个性和特色深植于消费者心中。

如国内BAT（百度、阿里巴巴和腾讯）三大互联网巨头，它们的成功离不开其产品的独特定位。百度的产品定位在于搜索和技术；阿里巴巴的产品定位是针对电子商务；腾讯的产品定位带有强烈的社交基因。百度面对的最主要用户是有搜索需要的，阿里巴巴面对的最主要用户是有购买需要的，腾讯面对的最主要用户是有社交需要的。三者各守阵地，都在自己的地盘内适应着用户需求的不断改变。

但也仅限于此，如果想让某款产品成为"全能王"，即便是强如百度、阿里巴巴、腾讯这样的行业寡头也不可能做到。这就是产品定位中最突出的几个特性——细分化、专业化、深度化（见图1-1）。大到一类商品，小到一款商品，其定位只能是某一类消费群体，甚至是某类消费群体中的某一个子分支，然后针对这个定位深度挖掘，不断地满足用户的深层需要，最终成为该细分市场的绝对龙头。

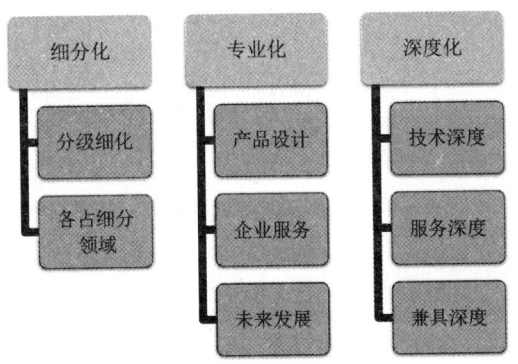

图1-1 产品定位的特性

■ 细分化——将产品从大范围中隔离出来

马云曾说："不懂细分市场，未来电商和你没什么关系！"

其实，如果不懂细分市场，不仅未来电商与你无缘，未来的一切都与你无缘了，因为根本就没有什么产品能满足所有用户的需要，也没有什么用户愿意去将就使用不对症的产品。所以，想要产品能脱颖而出，就要将产品细分化，如果一级细分已经被瓜分得差不多了，就向二级细分迈进，还可以是三级、四级（见图1-2）。"一尺之棰，日取其半，万世不竭"，虽然细分市场不可能万级不竭，但向下分出几级还是没有问题的。

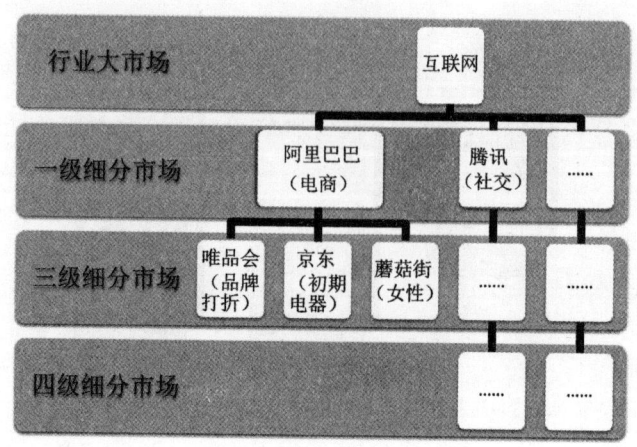

图1-2 分级别细分市场

当阿里巴巴在电商领域做得风生水起时,很多人认为"完了,电商这块没机会了,一个淘宝就包打天下了",没想到,后起的京东、唯品会、1号店、蘑菇街等纷纷诞生,虽然其间有兴有落,但找到了各自领域的网站都成功地占领了市场。

■ 专业化——将产品打造得有根可寻

当在细分市场有了一定认可度之后,产品需要向专业化进军。如果说在成立之初,还是游击队性质,那么在形成规模之后,就要往正规军方向发展。

首先,产品的设计要凸显专业化。产品好不好,设计是关键。如今的唯品会,有周杰伦的代言,有令人赏心悦目的网站设计,有齐全的功能为用户导引,有大量的商品可供选择,已经对唯品会信任有加的用户们几乎每天都会去看看。而在唯品会刚刚崛起时,商品种类没有如今这么多,但因为是爆品抢购型网站,大家还是需要花费大量时间去筛选,后来唯品会推出了筛选功能,减少了用户大部分"工作量"。仅仅这一项专业化的改造，就日平均为每位用户节省了25分钟到55分钟时间。

其次，企业的服务要符合专业化。服务是体现商品价值的一项隐性要素，服务好可以为商品加分，服务不好很多用户就会忍痛割爱。还来说说唯品会，在退货都需要用户自行寄回的年代，唯品会借鉴了原来凡客上门取货的创意，将取货时间具体到了两个小时之内，让用户不再为等待快递员上门取货而烦恼。

最后，未来的发展要紧咬专业化。企业的长青需要未来的持续发展作为保障，而未来的发展又需要不断深挖产品与用户需求的结合度，做到每开发一项功能，都要切中用户的需求"痛点"，这种由"止痛"组成的产品才最具竞争力。

■ 深度化——将产品的质量逐步延伸

深度化是对产品的功能和服务的延伸，最终的目的是让产品根植于用户的内心深处。这种深度化有几种状态，可以是技术方面的继续深入，也可以是服务方面的继续深入，还可以是两者结合的深入。

虽然是限时抢购网站，但唯品会曾有一个著名的"BUG"，就是一些用户无限度地给购物车装入商品，而又迟迟不结账。虽然用户为自己争取利益最大化的行为并不是绝对错的，但是如果所有人都采用这样的做法，每个人都等于是在伤害自己的利益。于是，唯品会优化技术，将购物车容量限制为15件商品。

在淘宝推出了"极速退款"服务后，唯品会也效仿，因为这项服务太受用户欢迎了，对于老用户等于是给予了前所未有的尊重。结合技术的深度化，再加持服务的深度化，唯品会注定会走在电商的前端。

1.2 圈定优势市场，打造单品根据地

锁定市场很重要，再优秀的商品，其流动的顺序也是相对固定的，就是从一个市场进入多个市场，从外围市场进入核心市场，从小众市场进入大众市场，这是绝对不能搞错的顺序。

因为企业的发展是从小到大的过程，产品的被认可也应该是从小到大的过程，想要一口吃成胖子的年代早就一去不复返了。企业必须要先圈定市场，再在圈内打造自己的产品，这样的产品才是具备生命力的。而且圈内的产品应该是单项的，就是瞄准一个突破点，竭尽全力地向前刺，直至刺破市场的壁垒，实现产品的被认可。

既然说到了圈定市场，就先来说说什么是市场。对于产品来说，市场既可以是有形的（如地理位置、售卖场所），也可以是无形的（用户需求、未来倾向），企业需要圈定的既应该是有形的部分，也应该有无形的部分，两者缺一不可。

■ 圈定市场"根据地"

现在，我们正式进入圈定市场的阐述。作为企业，毫无疑问应该圈定的是对自身发展有优势的市场，然后将其打造成未来发展的根据地。在"根据地"获得竞争优势后，再逐步扩大优势领域的范围，直至取得全国性的胜利。

就像刚说过的，建设"根据地"市场需要从有形的和无形的两方面一起入手。但是，除此以外，还要确定打造的优势市场的类型，是形象

样板市场,还是销量样板市场?

曾经,巨人集团倒下后,史玉柱欲东山再起,可是手上的资源和账上的资金都不允许他再像以往那样大手笔,只能做某类市场的小本生意。史玉柱的团队将眼光瞄向营养品行业,随着国人生活水平的提高,营养保健将会越来越受重视。

到此,脑白金的想法已经成型。但是,要做什么类型的市场呢?在形象样板与销量样板之间,史玉柱和手下反复衡量,最终确定做形象样板市场,因为他们需要快速扩张知名度,让脑白金逐渐印刻在消费者的脑海中。

为什么要建立样板市场?样板也是模板的意思,成功是可以复制的,有了一个样板市场的成功,就可以推进其他市场的成功(见图1-3)。

图1-3 样板市场的建设与发展

■ 选定区域"修碉堡"

当企业选定了将占领的根据地市场,就需要根据对手的优劣势来圈定作战范围。当然,企业圈定的市场范围一定要对自己有利,有助于在竞争中获得胜利。

企业通常会选择购买力和经济发展水平有一定代表性的区域,主要考虑整体市场的规模、市场的竞争环境和交通便利程度等因素。

比如,脑白金的起步地点在杭州,是一个发展得相对不错的二线城市,没有一线城市那么大的竞争压力,避开了和顶尖高手的对峙,杭州又比小城市更具购买力,民众的消费观念更前卫,更具有接受新鲜事物的思维。

■ 确定顺序"开小灶"

如果是多款产品同时上市，需要确定上市的顺序，只是单款产品还需要确定顺序吗？当然需要。一个产品从生产到上市也是有流程的，这个流程应该怎样安排，需要在哪个环节给予更多的重视，能确定产品日后的走向。就像苹果公司，将大量精力用在产品研发上，力争让自己的产品一直行走于时代的前端。

脑白金是绝对的单品打天下，要怎样将其投向市场呢？依照当时公司的实力，一个地区的广告费都出不起，更不要说大范围轰炸了。但是，没钱有没钱的办法，脑白金走了一条"精耕细作"的路，史玉柱带领全体员工进行走街串巷的宣传，在街头巷尾与人互动，与大爷大妈们亲切交谈。

可以说，从形成做营养品的概念，到产品生产，到最终的营销，脑白金在营销环节上开了小灶，以人力代替物力，才最终成就了脑白金的神话。

■ 打造单品"猛开火"

进行到这一步，单品往往已经形成了"根据地"优势，但必须要扩张出去，从战略上讲叫"打到敌人后方去"。

脑白金在杭州立足之后，也是迅速扩张，但继续采用人力扩张显然太慢了。于是，以史玉柱为首，企业高层一致决定砸钱——投放广告。那句"今年过年不收礼，收礼就收脑白金"，就是在这种情况下诞生的。随后就是火遍大江南北的脑白金风暴，然后就靠这一款单品，史玉柱重新站起来了。

对于已经选定并且开始运作的单品，就要报以绝对的信任，相信只要"火力十足"，单品就能够成功占据一片坚实的根据地。所以，在这个阶段最忌讳的就是"收缩火力"，顾此失彼的心态最终是彼与此都得不到。

1.3 老产品做核心，新产品要聚焦

体育界经常会出现新老交替的局面，每到此时，总是成绩最不稳定甚至最不好的时候。如何度过这一阶段呢？通常的做法是老将带新兵，就是让实力派老将继续留在队伍里，但一定要补充新人，然后让老将作为核心来负责传、帮、带，直至新兵可以顺利接班了，接替了老将的核心地位，老将就光荣退出了。

体育有竞争，商场更是如此，商业变换也经常会出现产品新老交替的局面，此时聪明的企业不会立即让老产品靠边站，而是在新产品尚未成熟之际，让老产品继续做核心，保留最基础的竞争力，再全力打造新产品。

新产品的打造分为两种，一种是铺开式，一种是聚焦式（见图1-4）。

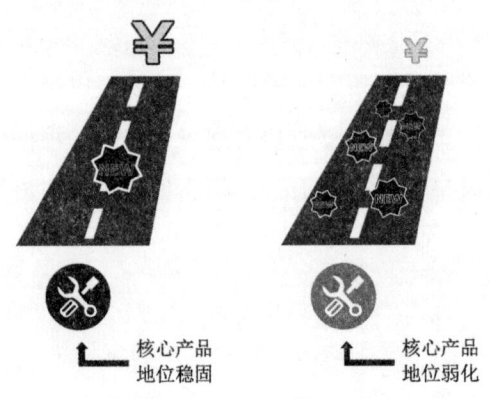

图1-4 "铺开式"和"聚焦式"打造新产品

铺开式是大范围的、全面的、多种类的产品一起上线。这样的优势是，可以让新产品形成系列化，有整体优势。但劣势也很明显，没有侧重点，导致资源分散，最终难以形成拳头产品，击破市场壁垒。

凡客的兴与衰从表面看是盲目扩张导致的后果，但是，为什么会盲目扩张？显然是因为采取了铺开式的新产品聚焦，导致公司运营迅速失常，最终将老产品也一同拖垮了。

凡客初期最得用户口碑的是衬衫、T恤、牛仔裤，这类深受年轻人喜欢，价格又不高的产品。但是，当凡客的创始人陈年提出年销售额要达到100亿元的时候，一切就开始不同了。

为了达到这个五倍于上一年的百亿指标，只有两条路，要么扩大购买人群，要么扩大品类。巨额的广告投放和数百款T恤已经展现了凡客的"努力"，因此凡客不可避免地走上了第二条路。

果然，随后的凡客选择了疯狂地扩大品类，卖的东西越来越杂，老产品中的衬衫、T恤已经退居到了二线，家电、数码、百货、拖把、菜刀、镊子、电饭锅都到了最前排……网友戏称：除了汽车啥都能买到。后来连陈年自己都感觉不对劲了："谁会来凡客买拖布。"

的确是没人来凡客买拖布，不仅是拖布，库存积压一度达到20亿，对于一家电商企业来说，这么高的库存就是灾难，最终凡客再也没能走出困境。

对于企业来说，分散总是看起来很美，但效果并不好。帮助企业打开局面的永远是某一个点，也就是某一个或某一类聚焦性的产品。如果企业已经做成了一定规模，只是需要补充新鲜血液，这时更需要对新产品实现聚焦，以对老产品形成强力的辅助作用。

聚焦是一个舍弃的过程，将不是最重要的支脉砍掉，留下最能为企业造血的一脉。所以，下面我要说的是"反凡客而行之"的聚焦式新品打造。

我们以腾讯旗下的微信为例。说到腾讯，你可能会觉得诧异，腾讯除了起家的QQ，已经有多少旁支了，能叫聚焦新品吗？但是，腾讯除了打造微信，还有其他的类似产品吗？诸如游戏、音乐、浏览器等与微信有冲突吗？其实，这些旁支都是建立在庞大的QQ用户群的基础上，也包括微信。

在微信的打造过程中，腾讯是专注的，更重要的是并因"有此忘彼"而不再重视QQ，因为所有腾讯人都知道，QQ是公司的核心，一切都是建立在QQ这棵大树上的分枝，只有让这棵大树长青，企业才能长青。

■ 一个时期只上线一款新产品

时代是发展的，企业也需要不断发展，因为在某个时期，企业需要进行产品品类更新，有些企业选择只上线一款产品，并竭尽全力打造这款产品。

苹果公司在乔布斯时代，在手机系列上，连续推出了iPhone3、iPhone4、iPhone4s、iPhone5、iPhone5s、iPhone5c，每一款产品都是单独发行，形成了一款顶一款的形式。之所以这样布局，乔布斯说："产品还是要聚焦，这样给企业足够的研发时间，也给用户足够的消化时间。"

在后乔布斯时代，苹果手机的上线种类略有增加，但也仅限于每次两到三款，而且跨度达到一两年。与其他手机品牌种类繁杂，不容易记住相比，苹果手机的每一款产品无论是用户，还是非用户都是熟知的，如果不做到绝对聚焦，这是无法做到的。

■ 以一款新产品为中心，建立一类新产品群

除了只上线一款新品外，还可以同时上线一类新产品，但要以其中的某一款新产品为中心，重点推出该款产品，并通过这款产品带动全品类产品的销售。

仍以苹果公司为例，当智能手表产品准备推出时，因为有三个系列——Apple Watch、Apple Watch Sport和Apple Watch Edition。其中Apple Watch Sport共10款，均价最低；Apple Watch共20款，均价居中；Apple Watch Edition共8款，均价最高。

苹果选择以Apple Watch Sport为一种新产品，毕竟新品类还是要以低价位先打开市场，这个策略是正确的，如今智能手表已经打开了市场，成了时尚青年青睐的产品，而且一直是Apple Watch Sport系列产品销量最好。

这就是一款单品带动整个品类。全品类推向市场就像拳头打开了同时伸出去，整体力量反而变小了，选择一款产品用"一指禅"的方式出击，一定会戳开市场的壁垒。

1.4 找到能潜入用户心智的专属字眼

建立品牌时，先选一个好听的名字（如耐克、阿里巴巴、宜家、微软），再设计一个有意义的商标（如耐克的对钩儿、麦当劳的字母M、奔驰的方向盘），目的都是让用户能一下子记住，并在大脑中形成长期的记忆留存。

不得不说，世界上的所有大品牌都具备上述这两点优势，名字好记、商标好看，但它们往往还具有第三个优势，也对企业的发展有着不可估量的作用——就是有一个能潜入用户心智的专属字眼。

这是什么意思？比如，纯手工之于帕加尼、简洁之于宜家、健身专家之于安德玛，这都是企业在用户心中留下的深刻印象。想要建立起品牌效应，就必须集中全力在用户心中打印下一个专属字眼，一个之前没人拥有过的字眼。

美国著名体育品牌安德玛，由凯文·庞克创立于1996年，起初名不见经传，其崛起离不开美国的全民健身热潮。

对于肥胖的厌恶，让美国人民逐渐走上了健身之路，狂热到让你害怕，在美国街上最常见的有两种人：胖子和肌肉大汉！

庞克很聪明，他知道在运动鞋市场竞争不过耐克和阿迪达斯，所以趋利避害，专攻室内健身产品。当时全公司都投入研发紧身衣战争中，还提出了"棉是我们的敌人"的口号，因为棉质的衣服在运动后被汗水浸湿非常难受。

经过研发，推出了以涤纶和尼龙为主的快速排汗运动紧身衣，既让肌肉男们找到了能够秀出肌肉的服饰，还可以快速排汗和速干。于是，美国的健身男女们都穿上了安德玛的UA紧身衣。

如今，只要在欧美市场，只要一想到紧身衣，健身男女们自然就想到UA。紧身衣就成了安德玛的专属字眼，谁来也赶不走。这个字眼的好处是什么？可以让安德玛长久地屹立于健身服装领域，还可以起到扩大宣传的作用，用户的一句"买安德玛的啊，它家的紧身衣很好"就是最好的宣传。

由此可见，一个只属于企业的专属字眼对企业究竟有多重要，不亚于品牌名称和商标的辨识度，可以当作企业的第三标识。

■ 从一个全新方面打造企业的专属字眼

既然是企业的专属字眼，那么就要将专属的功能体现出来，是只属于自己的企业，不给同类的其他企业留下进入的机会。就像安德玛，紧身衣=安德玛，安德玛=紧身衣。

那么，在打造专属字眼时，就要选择一个同类企业尚未踏足的领域，如果已经有其他企业进入了，想要建立独一无二的专属字眼就非常困难，很可能是无法达到的。

提起宜家，人们首先想到的就是简洁、简便、市场、潮，这些都是宜家才配拥有的专属字眼。在宜家开始研发组装家具时，全世界的家装市场还是"现成货"的时代，无论是装修还是买回去的家具，都是成品，搬运是很令人头疼的问题。在这种时候，宜家出现了，虽然只是一家小公司，但其灵活的拆装方式迅速捕获了用户的心，最终走出了北欧的小天地，走向了全世界。

■ 不能让专属字眼跑偏

罗马的建成是艰难的，但毁掉罗马却可以是一夜间的。同样的道理，专属字眼的建立，过程是艰难的，但如果想拆掉这顶专属的帽子，却很容易，企业只要逐渐脱离原路线，就可以慢慢影响用户对企业的认识，最终改变用户对企业的认识。

提起Volvo，人们的传统认识就一个词——安全。作为有车一族，没有什么比安全更有吸引力了，这也是Volvo长盛不衰的秘诀。但是，后来的Volvo却跑错了路线，开始涉足跑车，也去追求豪华、高端、档次这类字眼了，原先已经抓在手中的"安全"轻易就丢掉了，如今安全已经不单独属于Volvo了，Volvo的最辉煌期也走到了尽头，想要再次打造起专属字眼，只能从头再来了。

因此，好不容易建立起来的罗马，绝对不能轻易毁掉，一定要将这块无形的金字招牌保护好，让其成为企业永久的保护神。

1.5 创新持续，产品持续

产品需要创新，已经成为所有经营者的共识，只有创新，才能让产品逐渐适应时代的发展，长期存在于用户的使用序列中。既然说创新是为了顺应时代，那么，创新一定是持续性地，为产品注入吸引消费者的因素。

经济学上有句话："持续创新带来持续更新，持续更新带来持续认可，持续认可带来持续购买。"这就是为什么要坚持持续创新的意义，是为了更替产品的旧时代功能,然后载入新时代功能,将"认可"的概念不断强化于用户的脑海中,由此带来长久的认可性购买(见图1-5)。

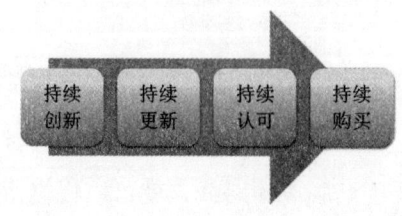

图1-5　持续创新

比如媒体行业,在有声传播尚未出现时,别说电视,连收音机都没有,人们只能通过各类报纸了解外部信息。但当时的人们已经觉得很好了,可以和外界更方便地联通了。因此,在那个阶段,创办一份报纸,就有机会做成大企业。

里基·默多克在担任了多年的记者和主编后,终于实现了儿时的梦想——投资报刊。1935年,"澳洲联合新闻社有限公司成立",里基与其子鲁伯特·默多克的新闻帝国就此拉开大幕,虽然一直到老默多克去世,他们的《新闻报》还是阿德莱德地区的地方小报。

此后的世界变化之快令人很容易忘记思考,信息成了越来越炙手可热的资源。新组建的"新闻集团"也在默多克的打理下走出了阿德莱德,走出了澳大利亚,走向了世界。虽然企业在逐渐壮大,但也不能只守着老传统,需要不断创新,突破发展的天花板。于是,新闻集团的高层从默多克开始转变思路,既重视各类科技的发展状况,也在集团内部推行产品创新的理念,形成强烈的具有创新意识的文化氛围。在这种状况下,新闻集团在报纸还处于黄金时期的20世纪50年代,就意识到了电视媒体的广阔前景,并在60年代初开始收购电视台和电影公司,形成强势性布局。

到80年代初,新闻集团内部已经完成了产品迭代更新,报纸从原来的主力退居二线,并且地位仍在下滑,因为网络时代要来了。那时新闻集团的年营业额已经达到12亿澳元，成了世界级传媒集团。但是，企业内部的迭代仍在继续，新闻集团又成了最先一批布局网络的传媒公司。

我们没有以具体企业的某款具体的产品为例，而是将一家企业的兴起过程讲出来。因为企业的创新不是领导者一个人就可以做到的，而是需要有相应的文化和环境，显然新闻集团是具备这种条件的。所以，企业才能在持续创新、自我突破的路上越走越光明，一代代新的产品被用户认可，一代代老的产品成为过往的记忆。

与此相似的情况在各行各业中都会出现，就像汽车行业，从最初诞生"烟囱汽车"，到如今各种类型的顶级汽车，已经发生了翻天覆地的变化，那些屹立一百余年依然兴盛的企业就是依靠持续不断的创新走到了今天。

因此，持续创新就是以新思维、新发明为特征的产品不断改进的过程，任何重大的技术创新都会引起一系列连续的创新。在重大革新之后，伴随着一个新产业的成长和老产业的再生或衰亡。企业要了解持续创新的模式和规律，增加对持续创新经济价值的认识，培养持续创新能力，消除制度障碍，获取竞争优势。

曾经很长一段时间，人们认为的创新只有技术创新，只要在研发产品上下功夫，让产品立于市场就可以了。但随着对创新的深入认识，除了技术创新外，管理创新和市场创新也同样重要。

■ 持续技术创新——决胜于千里之外的核心

技术创新是基于市场需求，由基础研究或应用研究开始，综合已有的行业技术，持续不断地进行一项又一项的技术创新，目的是探索研发出满足市场需求的新技术、新工艺，并应用于产品上，形成新的生产经营系统，实现生产力转化，再通过市场扩散，实现商业化、产业化的一系列创新过程。

现在提到柯达,很多人仍然唏嘘,关于这个影像行业霸主因何破产,原因很多,最重要的则是柯达"在自己最好的时候"停止了创新。很多人都知道是数码相机打败了柯达胶卷,但世界上第一台数码相机就是柯达公司发明的,那是20世纪70年代胶片相机的黄金时期,电脑还是绝对的稀罕物。所以,看起来没有什么用武之地的数码相机就被搁置了,此后就像被彻底遗忘了一样,在竞争对手已经开始推出数码相机时,仍然迷信胶片相机。

不得不说,柯达是悲哀的,但这种悲哀不值得同情。当一个企业松懈了创新这根弦,无论是多么巨大的战舰,也终将沉默。

企业做到持续技术创新,需要时间的堆积,从成立之初就从不间断,持续不断地推出新的技术创新,包括产品、工艺、原料等。相对于一般的创新研究和短期创新,持续技术创新更注重创新的领先性、创新的系统性、创新的制度性、创新的效用性。

■ 持续管理创新——保证各类创新有效施行

企业的创新需要文化的积淀和制度做保障,让创新能够不断持续下去,也给予参与创新的员工实际性的奖励。想要这些,就需要在管理方面做出相应的创新性改变,也就是说,不能用"青铜制度"管理"白银时代",更不能阻碍"工业进程"。

管理创新分为一般创新和持续创新。或许有人会问,管理方面的创新还有持续与非持续之分吗?当然有。非持续的管理创新,可以领先一时,却不能一直领先。而持续性管理创新,却可以将领先保持下去,哪怕只有半个身位,因为不断在更新,后来者也难以追上。

非持续性管理创新和持续性管理创新的区别(见图1-6)。

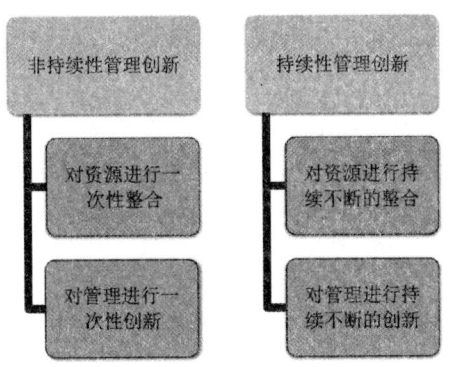

图1-6 非持续性管理创新和持续性管理创新的区别

■ 持续市场创新——为技术创新打好前站

市场环境永远是动态化的，企业需要不断地发掘和引入新的市场要素，或者改变原有的经营要素，目的是能够持续地开拓新市场、占领新市场。具体来说，这一过程可以分为以下几个方面：

1．营销新观念。市场环境的动态化造就了营销环境的动态，在经济全球化和竞争国际化的新形势下，企业必须从全球竞争的高度来确立市场新观念、质量新观念、竞争新观念及公关新观念。

2．营销新方法。企业应在营销新观念的指导下，积极采用诸如网络营销、公关营销、定制营销及互动营销等新的营销方法来拓展市场。

3．开拓新市场。通过更好地满足消费者需求来获得更大的市场份额，以实现更多的经济效益，包括扩大旧市场和开拓新市场。前者分为两部分：提高原有产品的市场占有率，或将原有产品打入新的市场领域；后者指以新的产品寻求新的市场。

4．打造新服务。服务是建立忠实用户群体、树立企业良好形象和增加产品附加值的有效手段，包括服务项目的增加、服务态度的改善、服务设施的改进及服务方式的革新等。

1.6 多梯次聚焦打造战略单品

战争的策略是助攻配合主攻，要找到主攻方向，然后将主要兵力放在主攻方向上，其他方向作为助攻或佯攻。这样做，有利于集中本方的优势兵力，也有利于更快速、更彻底地歼灭敌人。

都说商场如战场，战场上的经验，在商业竞争中也可以借鉴过来。企业将产品生产出来，无论多么优秀，都需要进行营销推广，以便让更多消费者能更快地认识到。我们已经了解到，在生产产品时，应该集中资源先研发某个单品，使之成为成功的战略单品，然后以战略单品带动其他品类。其实，打营销战也是如此，也应该集中兵力于某一个战略单品上，进行单点突破，在局部市场上形成绝对优势，才有机会在更大的市场上站稳脚跟。唯有如此，才能发挥单一的力量。但并不是所有企业都能认识到这种力量的。因为总是有人将单品战略误解为只做一个单品，认为"单品突进，不如多品共进"，所谓"东方不亮西方亮"，总有一方亮起来。

但现实却是，多品共进就等于分散资源、分散力量，这种多种品位、多种价位、多个细分群体的做法，本身就是对消费者的外推行为。因为没有让消费者对产品产生充分购买的理由，这种理由恰恰来自集中资源打造，将消费者与产品牢牢链接住。

比如统一集团，一度就认不清单一的力量。在推出"现泡台湾绿茶"——"茶里王"不久，又连续推出了"日式无糖绿茶""英式红茶"等产品。消费者还没有弄清楚第一款"茶里王"是什么，接二连三的"茶里王"便出现了，混淆了品类概念，削弱了"茶里王台湾绿茶"这个战略单品的力量，最终导致这个产品推广的失败。

比如中粮集团也犯过相同的错误，在推出"悦活"品牌时，并没有聚焦在纯果汁饮料单品上，而是同时推出了悦活蜂蜜、悦活乳酪、悦活谷物早餐……其结果是，每一种产品都卖得不好。

再比如健力宝，衰败的原因之一也是没有做到单一。为了新开发的"第五季"投入巨资，滨崎步为代言人，地毯轰炸式广告，渠道精耕系统等，但"第五季"产品横跨碳酸饮料、茶、水、果汁饮料，战线拉得太长，导致了最终的失败。

像这样的企业案例还有很多，它们不是输在产品不好，而是输在未能聚焦。所以，无论企业推广的产品有多少，无论企业想把规模做多大，首先要集中资源打造出一个响当当的龙头单品，待龙头单品成功之后，再通过大单品带动小产品群的销售。

优秀的产品永远是有市场的，也永远被市场需要。因为市场上从不缺产品，缺的是优秀的产品，特别是缺优秀的单品。

那么，企业应该如何打造自己的战略单品呢？我们给出的答案是：创新力×性价比×品牌力=成功的单品战略。

■ 创新力——保证战略单品的攻击力

如果企业的战略单品与对手的雷同，还有什么攻击力？因此，在市场细化日益严重、竞争日益激烈的大环境下，能否打造出战略单品的关键就在于是否具有创新力。

消费者的需求是不断变化的，而且是多样性的。无论市场上的产品和服务有多么的丰富，总还有未被满足的消费需求。创新就是要在这些需求空白之地走差异化路线，做到"人无我有""人有我新""人新我变"，时时领先，提供给消费者独特的价值。

毫无疑问，企业要有敏锐的市场洞察力，准确地捕捉到目标消费者的消费习惯和动机，推出差异化的产品和服务。这其中包含三层含义：其一，战略单品要满足一种新的消费需求或一种升级的消费需求；其二，战略单品不同于现有产品，竞争对手没有与之相同或相似的可产生竞争的产品；其三，战略单品必须是大众化产品，能够带动其他产品群。

2003年，娃哈哈集团想要开发一款全新的产品，经过市场调查，发现消费者对果汁和牛奶这两类饮品"又爱又恨"。爱在确实味道不错，还有营养；恨在口味单调，常年没变化。研发团队决定开发一种果汁——牛奶的混合饮品，既能满足消费者的猎奇心理，又能打造出全新的单品。

很快，娃哈哈营养快线就出炉了。产品定位为早餐饮品，目标群体是高校学生、企业白领、年轻父母，"比果汁更好喝、比牛奶更营养"的品牌理念建立了独特的品牌形象。

因为产品定位和目标用户定位的双重准确，营养快线从出世的那一刻起就开始了狂奔，短短几年销售额就破百亿。在市场得到了绝对的稳定后，营养快线开始丰富产品品类，2006年的280mL、利乐装相继面世，2007年的1.5L大瓶装，2008年又推出了"酸奶+果汁"的发酵版本，一次次引起市场的如潮好评和积极响应。

从娃哈哈营养快线的单品打造的过程来看，创新力对于产品的成功起着多么重要的作用。

随着消费者理性消费时代的到来，一个比拼实力、注重产品品质、注重价值创新的时代更加清晰起来，只有在产品上多下功夫，多研发出能够解决消费者需要的新型产品，战略单品才能在激烈的竞争中杀出一片天地。

■ 性价比——给战略单品增加竞争力

这里所讲的性价比，与"新品类，新架构，高价格"模式并不矛盾，不是说产品要卖得便宜，而是在定价时让价格远低于战略单品的固有价值，目的是让消费者用相对低的价格，买到更高价值的产品，不仅仅是满足消费者需求，更是超越消费者的期望。

为战略单品制造高性价比优势，可以有不同种的做法：可以向消费者提供产品以外的价值；让消费者用同样的价格获得比购买其他产品所获得的收益更多的利益；能够比竞争对手更好地满足消费者的需求。比如：微软高性价比的软件产品，ZARA高性价比的时尚服装，麦当劳物美价廉的汉堡包等。

■ 品牌值——将战略单品的核心价值进行延展

品牌值就是品牌的价值，是企业系统规划、苦心经营、刻意打造的杰作，是对战略单品延展开来的产品诉求、品牌个性、品牌形象等。要求企业常年坚守品牌核心价值，每一次广告、每一次活动、每一次宣传、每一个画面、每一个符号，甚至每一个字，都必须为强化产品品牌的核心价值而加分。

娃哈哈营养快线差异化的战略单品创新是成功的基石，而其针对年轻人和白领群体选择的游戏植入的传播模式也值得借鉴。在产品的推广上，娃哈哈综合运用广告宣传、活动营销、植入式营销、售点广告、目标关联营销等多种品牌推广方式，使品牌传播效果达到整体协同效应。

总之，战略单品在打造的过程中，如果方法得当是很容易形成品牌效应的，这种效应的进一步强化就是品牌力，而品牌力会反过来加持给战略单品，两者形成台阶式互增的局面（见图1-7）。这是打造战略单品，以及日后以战略单品为根据地打造多品类的正确过程。

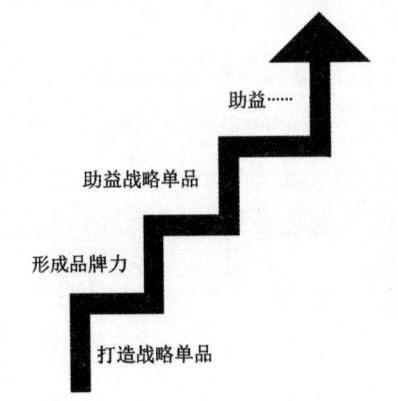

图1-7　品牌力与战略单品的台阶式互增

1.7　深耕单品，以品类带动品牌

如今，随着市场竞争的越发严峻，越来越多的企业将目光聚焦在单品突破上，想借助单品突破实现品类突破，进而实现品牌的突破。

为什么要实现单品突破？因为一个品牌被消费者记住的前提是某一款产品先被消费者记住，也就是通过一款战略单品打开市场，而消费者很正常地会将这款单品与品牌联系在一起。这就是经济学中提到的"战略单品的经典款代表了一个品牌的形象；一个品牌往往依靠战略单品打通市场"。

提起剃须刀，人们很容易就会想到吉列牌威锋剃须刀，因为这是世界顶级品牌，已经深刻于消费者脑海中。如果反过来，提到吉列牌，人们也会很自然地先想起威锋剃须刀，因为吉列就是靠剃须刀成为顶级品牌的。但是，已经发展为寡头型企业的吉列公司除了拥有剃具产品外，还有电池、口腔清洁和很多卫生用品等系列产品。但是，人们最先想到的永远是最好的剃具。

这就很好地诠释了上面那句话。我们以图片的形式更好地理解战略单品与品牌之间的关系（见图1-8）。

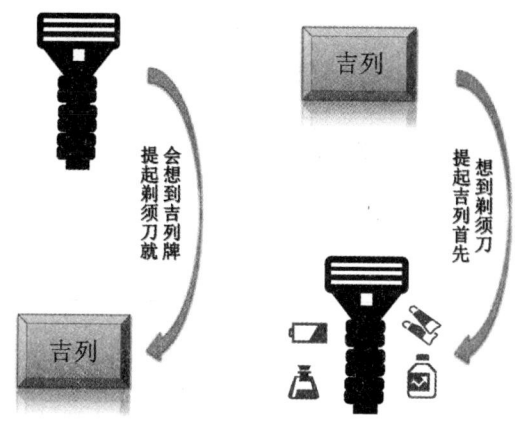

图1-8　战略单品与品牌的关系

对于吉列来说，剃须刀只是其众多产品中的一个单品，但早已成为了吉列的战略单品，犹如吉列公司的"产品形象代言"。其实，像吉列如此大规模的企业，是不会以各种单品来划分的，而是以各种品类来划分，如剃具系列、口腔清洁系列、卫生用品系列等，而威锋剃须刀只是剃具中的一款。所以，在企业品牌与战略单品之间还横跨着品类这个环节，就像本节开篇所说的，"借助单品突破实现品类突破，进而实现品牌的突破"。吉列就是从一款剃须刀进行突破，进而实现了剃具系列的整体突破，最终实现了吉列品牌的突破。

因此，在战略单品突破的同时，也要进一步考虑品类的突破。企业希望通过单品的创新突破来实现品类的创新突破，先打开单品市场，再打开品类市场。与吉列的情况类似，提起康师傅，消费者就会想到方便面（品类），还得是红烧牛肉面（单品）；提起费列罗，消费者就会想起巧克力（品类），还会一下子想到FERRERO ROCHER……

　　在战略单品时代，如果没有一个战略单品，企业将永难崛起，只能跟在别人后面吃残羹冷炙；在战略单品时代，如果没有一个战略单品，品牌要想创建成功，那无异于痴人说梦话。在战略单品时代，品牌的树立、企业的崛起，往往都是以一个大单品崛起为先兆的。

■ 战略单品，不是只销售一个单品

　　很多企业管理者对战略单品有个误区，认为就是生产销售一款单品。这就让人感到不爽了，哪有企业只有一款产品的呢？其实，很多大企业的创立期都是通过一款产品打天下的，但在产品受到市场认可后，就会推出其他相关产品。比如，深圳"暖起来"食品公司，成立不到一年，且只有一款产品，但估值已经达到了两个亿。

　　而对于成长期和成熟期的企业，永远也不可能回到一款产品的时代了，必须要集中资源主推一个战略单品，确保这个战略单品能够成功。然后利用这款成功的单品突破市场，继续丰富产品线，组合产品结构，以巩固市场，扩大战果。

　　通常战略单品的发展路径会经历以下过程：

　　1. 单品掘进阶段，集中火力，以战略单品撕开缺口，突破市场；

　　2. 单品爆发阶段，将战略单品做大成为战略大单品；

　　3. 品类崛起阶段，围绕战略大单品丰富产品线，建立起规模化的、完善的产品结构体系；

　　4. 品类市场成熟阶段，企业要持续对战略大单品进行创新和升级换代，以求品牌长寿。

■ 纵向做大做透战略单品

企业经营产品通常分为横向和纵向两种模式。横向模式是企业追求产品的多元化，打造多款同类和不同类的产品；纵向模式是企业打造产品专一化，对战略单品做透，增强竞争力。

战略单品的竞争力，不仅来自产品质量的过硬，还来自对品类的创新，更来自企业对产业链上下游的纵向做透。

美国派拉蒙农场是全球最大的开心果原料供应商，但开心果多不是自产，而是将全球70%的优质开心果尽收门下。派拉蒙采用纵向一体化战略，是集开心果的种植、收购、加工、销售为一体的大型企业，充分发挥规模优势和产业集群的优势，掌握了开心果市场的定价权和话语权。

第二章
用户：用10%的力量实现70%的业绩增长

曾经，企业的生存与死亡，决定权来自用户的数量。如今，企业的生存与死亡，决定权来自用户的质量。在这个用户越来越理性的时代里，如果用户能够非常理性、非常执着地追随自己，就能成为辅助企业最为有力的"超级用户"，这样的优质用户可以让企业只需花费10%的力量就能实现70%的增长，想一想，这是多么巨大的投入与产出比！

2.1 定义：超级用户的价值是普通用户的数倍

"曾经的互联网，那是一个伊甸园一样的时代。到处是飞禽走兽，到处是食物。大量的人口，正在涌入互联网，那个时代用流量思维，也还合理。但是，随着流量越来越贵，我们不得不走出伊甸园，那种伸伸手就能在树上摘果子的时代，再也不会回来了。"

此话出自罗振宇的演讲，他在演讲中还舶来一个词——"超级用户"（出自《超级用户》一书，作者为全球知名市场调研公司尼尔森旗下剑桥集团高管艾迪·尹）。

艾迪·尹在书中这样解释"超级用户"："他们是这么一群人，和普通用户相比，他们极度热爱某一产品，甚至到了痴迷的地步。"其实，超级用户是相对普通用户的一个概念，就是通过付费、跟品、收藏等各种方式筛选出来的"真爱粉"。

比如，粉丝工厂社群里的顾环宇老师，是一个可口可乐的超级用户。他去每一个地方都要首先买一瓶当地的可口可乐，并且把空瓶带回家收藏。

再如，香港明星谢霆锋最钟爱意大利品牌D&G的牛仔裤，一个款式买几条，一条裤子穿十年，这在其他明星身上是看不到的，但因为成了D&G的超级用户，谢霆锋做到了。

对于这类人，艾迪·尹称为"超级用户"，而我们称为"铁杆粉丝"。

不可否认，超级用户的概念已经火了，不仅是因为其出自管理专家的言论，而且是因为其背后揭示的流量演化规律契合了消费者的普遍心理。

流量思维的典型特征是只看数量不求质量，即便你是"马云"，在流量池里也与普通用户没有区别。流量思维的典型行为是不断拼命地拉新，但拉过来之后就不管不问了，接着开拓新用户，仿佛只有新用户才是有价值的。如此，就让流量池中的"马云们"感到不舒服了，这些人自知是可以给目标产品的公司带来巨大价值的，就像艾迪·尹说的："一个超级用户的价值等于普通用户的数倍。"这个数倍到底是多少倍，决定权不在超级用户，而在企业本身能够挖掘出多少。

正是基于这样的现象，超级用户的概念一经推出，立即引发了广泛的共鸣。超级用户的思维是，更多地强调有效用户，即留存下来的用户，更关注对有效用户的终生服务价值。

下面，通过两个公式的对比，更好地理解在如今的商业环境中"超级用户"对于企业的重要意义。

■ 公式一：销售额=来访人数×转化率×客单价

曾经，传统线下实体店和传统的平台电商，都是采用流量思维，玩法很简单，通过各种广告、推广、优化等营销手段，不断进行引流，从而实现用户数量的增长和产品的销售。

那时企业的销售额通过到访客户的人数来体现，来得越多，说明流量越多，未来的转化率就会越高，客单价（每名用户平均购买商品的金额）也会相应提升，最终实现整体销售额的增加。

由此可见，流量思维最重要的操作是吸引用户流量，各种资源都运用在如何吸引获取原始客户上，但对于所吸引到的流量并没有采取后续行为，而是任由原始客户来来去去。企业更在乎店铺的选址或网站的日流量，至于那么多原始客户为什么来了又走，很少有人去关注。

当社交电商、社群电商出现后，流量思维进阶到了粉丝思维阶段。粉丝思维跟流量思维最大的区别在于：将分散在各大平台上的零散流量划入自己的圈中。就像曾经是"狩猎采集时代"，如今进化到了"农耕时代"，大家凭本事吃饭，能够圈住多少流量，就能获得多大的收益回报（见图2-1）。

图2-1 "狩猎采集时代"与"农耕时代"

比如，自媒体大咖咪蒙2017年年底宣布，微信公众号突破1000万粉丝，将每条广告的费用提升至65万元，预计年收入将超千万元。

但是，现在产生了一个问题，在大咖们大量的粉丝中，究竟有多少是活跃的？有多少是非常活跃的？有多少是忠实追随的？

这样的问题有意义吗？粉丝这么多，我怎么知道谁活跃，谁不活跃。话虽如此，但你最起码应该知道，你有多少粉丝是非常忠诚的。

这是非常重要的，因为随着用户的逐渐成熟，盲目追大咖的心理正逐渐消退，也就是说"人口红利"渐行渐远了。

而人口红利是流量思维的核心，只要粉丝数量到位，就能打败一切竞争对手。正因如此，传统PC电商冲击了传统实体店，移动电商又冲击了传统PC电商。但如今，人口红利的时代已经过去了，企业不可能再轻而易举地低成本获得高用户流量了，必须要从争夺粉丝数量转变为争夺粉丝的注意力、粉丝对商品认可的时间。

所以，另一个公式出现了。

■ 公式二：销售额=粉丝数×转化率×粉丝ARPU值

其中，一个较难理解的变量是"粉丝ARPU值"，是指单个粉丝提供的价值。或许你会认为这与"客单价"相似啊，都是体现在用户身上，但差别却在"平均"上。客单价是看平均值的，不看单个用户的具体贡献。比如，A、B、C、D、E购买商品分别花费1000元、80元、120元、10元、40元，平均之后每人花费250元，于是客单价就是250元。但企业不能从中知道哪位用户消费得多，哪位用户是重复消费，也就无法找出其中相对忠诚的用户，更无法找出谁有可能成为超级用户。

而粉丝ARPU值给出的数据则是针对每个用户个人的，因为即便是粉丝，各自的质量也不一样，有"土豆丝"，还有"钢丝"（钢铁粉丝）。无疑，"钢丝"对产品的忠诚度和对企业的贡献率要大于"土豆丝"。一位朋友就是超级"果粉"，每一款iPhone出来都要购买两部，一部使用，另一部只是为了收藏起来。

不敢说是不是任何产品都有自己的超级粉丝，但可以肯定的是，超级粉丝的诞生与自身钱多钱少没有关系，想一想，即便是一个富人，若不是超级"果粉"会每一款都买吗？

这就是为什么企业做超级用户思维一定要重视粉丝ARPU值的关键所在，只有找到那些对该值贡献极大的用户，才是找到了未来企业发展的动力引擎，只要有这样的"死忠粉"强力地支持，企业就能很滋润地生存下去。

写到这里，我突然想到凯文·凯利的"一千铁杆粉丝原理"。意思是：一个艺人只要有一千个铁杆粉丝，就可以成为一线大牌了。以前很不理解，区区一千粉丝怎能托起一个大牌？现在明白了，因为他们不是普通粉丝，而是超级粉丝，就是我们说的超级用户。别看他们数量小，但贡献力惊人。说出来可能很多人都不相信，微博粉丝数千万的鹿晗，核心粉丝才几百人，宋仲基在中国的核心粉丝只有一百多人，就是这种"营连级"的粉丝数量却影响和创造了千万甚至是上亿人的市场规模。

因此，有一句话这样说："从流量思维到超级用户思维的过程中，我们不关心有多少用户，企业应该更关心有多少超级用户。"

2.2 转变：用户成为企业的重要成员

2010年3月3日，小米公司创立。当时没有人能预见，这将是一家让所有竞争对手都措手不及的企业，因为它一开始只是一家没有任何手机的研发、生产经验的公司，却在短短两三年就成为最受瞩目的手机公司之一。

小米成功的法宝，源自一群手机"发烧友"。小米管理层与他们紧密互动，不断地征求意见，改进手机的软硬件配置，终于促成了一次次的销售热潮。

顾客是企业存在的唯一依托，围绕顾客发生的任何变化，都将对企业产生重大影响。虽然"顾客至上"的观念一直存在，但在传统时代，顾客与企业是以产品为界限划分开的，顾客在产品的使用端，企业在产品的生产端，企业仅仅凭借对顾客的理解来研究设计产品和服务，无法真正满足顾客的真实需求。

这种状态下，顾客与企业是"物我两分"的，做得好的企业，要么是靠一套科学严谨的顾客研究方法，如宝洁；要么是凭借企业家天才的洞察力直抓顾客的核心需求，如苹果的乔布斯。

但不是所有的公司都是保洁，所有的企业家都是乔布斯，更重要的是时代不同了……移动互联网时代，顾客与企业的信息不对称的鸿沟消失了，顾客对企业的了解甚至要多于企业对顾客的了解，因为前者是多对一，而后者是一对多，显然多对一更有信息优势。当顾客与企业在信息链上融合后，顾客转变为用户，开始扮演起更多积极的角色。这些角色对企业的作用非常重要，可以帮助企业实现价值的提升。

那么，企业需要顾客转变成为什么样角色的用户呢？

■ 角色一：成为积极用户，提升参与度

积极用户的核心行为是"评价"，评价已有产品和服务，并能提供建议。

在顾客阶段，是不会对产品进行评价的，只能选择用还是不用，用了之后有什么感想，也只能对周围人说说，想要反映到生产企业是几乎不可能的。

如今顾客转变为用户了，有了产品的参与权，企业也希望用户能在产品尚未正式推向市场和已经推向市场后，进行评价。这些评价都是宝贵的，是企业进一步改进产品的参考线。

成为积极用户最活跃的人群就是游戏用户，每一款游戏产品推出的过程都有封测、内测、公测三个阶段，除了封测玩家无法参与之外，另两个环节都需要玩家的参与。尤其在公测阶段，游戏基本已经定型，处于试推出阶段，听取玩家的意见和反馈最为重要，以便为未来的修正做统计和准备。

■ 角色二：成为早期用户，助力企业腾飞

与积极用户类似，早期用户也有帮助企业检验新产品，并提供建议的功能。但早期用户还有另一项更加重要的功能，就是成为"种子用户"，为产品的推广做贡献。

如今，想要加盟成为淘宝的商家仍然不需要缴费，但想要成为被淘宝重点推荐的商家是需要缴费的。但在十几年前淘宝尚处于婴儿期时，还有Ebay这个强大的对手，淘宝实行免费入驻、免费帮助宣传的策略，并鼓励买家评价卖家的产品和服务，在两者之间形成良性互动，这种形式不仅让买家与卖家之间有了良性互动，也让卖家与淘宝、买家与淘宝之间都走得很近，激发了单边与跨边的网络效应，启动了中国电商网络市场爆发式增长。

那些早期入驻淘宝的商家就是早期用户，他们是淘宝最重要的种子，为日后淘宝在中国大地的遍地开花打下了基础。

■ 角色三：成为创意提供者，为企业出谋划策

创意者的意思就是提供新思路、新点子，以此来推动产品的进一步改进。它看起来与向企业提供产品建议差不多，但实际却有很大区别。提供建议是被动的，也是无偿的，用户在使用了产品之后，很快说出自己的建议，这是因为与所以的关系。而提供创意是主动的，也是有报酬的，用户在使用过产品之后，不用立即说出建议，可以在思考之后再提出创意，这样的创意是需要给报酬的，因为用户付出了自己的智慧和时间来帮助企业，说明这样的用户对企业是有情感投入的。

■ 角色四：成为内容创业者，与企业一起成长

所谓内容创业者，是以创造高质量的内容为手段的创业者，常见的形式为自媒体、公众号、微博等。但内容创业都不是独立实现的，而是要嫁接在企业的平台上，比如很多优秀的公众号，是在微信的平台上运行的；再比如"一禅小和尚"，是在抖音上运行而被大家熟知的。这些优秀的内容创业者，一边积攒着自己的人气，一边成全了微信平台，实现了与企业共同成长。

2.3 识别：利用洞察工具找目标用户

一个产品的功能决定了该产品所能满足使用者的需求，那么，产品功能与用户需求相契合的，就有机会成为产品的消费用户。但不能靠等待用户上门，而应主动寻找目标用户。只有找到了目标用户，才能对这部分用户实施精准营销，以开发出更多的超级用户。

那么，如何进行目标群体锁定呢？

比如，企业是一个垂钓者，而且不是一个什么鱼都要的垂钓者，这就需要分析一番：到底钓哪种鱼——找准客户群体。

是什么决定客户群体呢？只能是产品。比如，产品是"训练型跑步鞋"，如果将"运动鞋"作为寻找目标群体的标识，那就错了，因为该产品的特点是"训练型"，直接针对的目标用户群体就是对训练型的跑步鞋有需求的，其他诸如速度型的、舒适型的、轻薄型的都不是这类用户的需求。只有将产品的特点对准用户的需求，才说明找对了

目标用户。

只有找准了目标用户,才可以在此基础上进一步转化为"超级用户"。而寻找目标用户,最好的方法是借助工具,下面我们介绍两种最好的查找目标用户的工具。

■ 用"雷达图"查找目标用户

在采用雷达图之前,需要先借助"min-max标准化"法将各个关键数值找出来,然后才可应用。

采用"min-max标准化"方法,需要先将所有指标的数值全部转换到[0,1]区间内,再进行倍数放大,比如使用10分制评分,就是放大10倍。

我们以日本著名体育器材禧玛诺集团对柔力球目标用户的调查做参考,来看看"min-max标准化"法的具体运用(见表2-1)。

表2-1 "min-max标准化"法(一)

		自己健身需要	参加社区活动	参加团体比赛
中老年男性	需求程度	低	几乎不参加	不愿参与
	需求指数	0.25	0.09	0.24
	评分	2.5	0.9	2.2
中老年女性	需求程度	高	愿意参加	喜欢参与
	需求指数	0.81	0.78	0.59
	评分	8.1	7.8	5.9

此表可以直接区分每个用户的每项指标的表现。表现优异的,就是对产品兴趣度更大,更有机会成为忠实用户;而表现不优异的,则是对产品兴趣度不大,可以暂不视为目标,基于每项指标的评分,可以对用户针对产品的行为进行观察,以快速找到目标用户。

当然,即便是同一类目标群体,也会因为年龄、生活差异、环境限制等因素，在对产品的使用上产生差异，比如对柔力球的目标用户再次进行划分（见表2-2）。

表2-2 "min-max标准化"法（二）

		自己健身需要	参加社区活动	参加团体比赛
60岁以下中年女性	需求程度	中偏高	中	低偏中
	需求指数	0.55	5.1	0.3
	评分	5.5	5.1	3
60岁以上老年女性	需求程度	高	愿意参加	喜欢参与
	需求指数	0.91	0.88	0.72
	评分	9.1	8.8	7.2

根据表2-2中的数据，所有指标已经统一到了同一个评分区间，我们可以用四个行为指标来评价用户的忠诚度，通常用到的展现方式是"雷达图"（见图2-2、图2-3）。

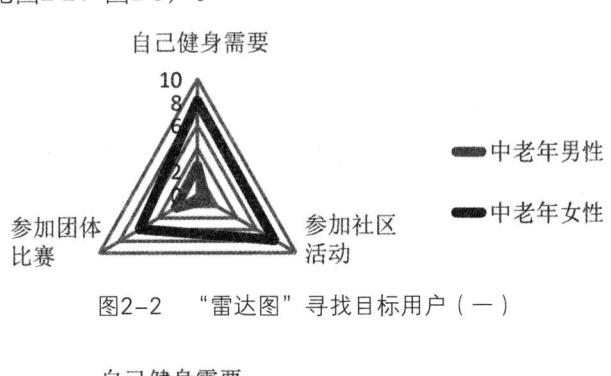

图2-2 "雷达图"寻找目标用户（一）

图2-3 "雷达图"寻找目标用户（二）

用雷达图查找目标用户有以下几个优点：

1．可以完整地显示目标用户的所有评价指标。

2. 可以清晰显示目标用户在各项指标评分中的偏向性。
3. 可以很直观地进行目标用户间的比较。

■ 用"热力图"查找目标用户

我是一个足球迷,每次看完比赛还会认真写一篇赛事分析,其中一个辅助工具就是热力图。相对于图标,热力图更加直观,让人对赛场的基本情况有个大致的了解。

热力图的功能是,在统计的图片上,运用特殊高亮的形式显示出大批量用户的使用数据。用户热衷的页面区域或用户所在的地理区域,都可以进行热力显示,越高亮的地方,说明用户的热衷度越高。热力图可以进行连续性跟踪,看看最近一段时间用户热衷度的改变情况,以做出正确的流向性判断。

有段时间,移动公司对网上营业厅和手机营业厅的界面进行了热力图跟踪,原以为可以总结出用户对先有网站链接的关注程度,却没想到发现了用户对两处不是链接的地方很感兴趣,热点很亮,这种在显示不可点击区域发生的怪事,让移动后台意识到有必要在那两个地方加入链接,并完善功能,满足用户的需要。

2.4 触点:用小业态模式吸引种子用户

当大型综合性超市还在一统天下的时候,永辉超市不声不响地成立了。起初人们认为这只是个小型的便利超市,有什么急需的商品可以进去买。但时间长了,人们发现了这种小型超市的好处,物品种类少,但很有针对性，都是最能贴近百姓生活需要的。也就是说，日常生活所需的，这个"五脏俱全的小麻雀"都可以提供，不需要去大超市从品类齐全的商品中费心地挑选了。

而且，小超市的规模小，摆架紧凑，挑选商品能够节省体力，结账的时候也无须排长队，一次购物很快就能完成。再有一点，因为是在室内，不用承受露天市场的风吹日晒，也没有菜市场里的人声鼎沸。总之，这种专业、聚焦、快捷、方便的消费体验是"大而全"的大超市和"乱而杂"的菜市场所不能给予的。因此，当永辉超市在2010年上市时，所有人都不感觉奇怪，因为确实是水到渠成，是陪伴永辉十多年的用户们忠实跟随的结果。

永辉超市这种经营模式如今有了新的定义，叫作"小业态"。在表面上看来，"小业态"卖的依然是产品，但从内在方面看，"小业态"更多卖的是"便利的状态"，用户享受的也是这种状态。而这种状态为"小业态"吸引到了很多"种子用户"。

什么是"种子用户"？顾名思义就是能"发芽"的用户，具备从一颗种子成长为参天大树的潜力。永辉超市成立之初，就开始利用自身异于大超市的优势在播撒种子，在发展的过程中，这些种子用户凭借自己的影响力，逐渐扩大着种子的数量，最终形成了根脉相连的大型用户网。可以说，种子用户是有利于培养产品氛围的鲜活用户，是对企业最为忠实的超级用户。

但是，"种子用户"不是由最原始、最小号、最无声这几项来定义的，因此在理解"种子用户"时，需要明确以下几点：

第一，种子用户不等于原始用户。

确定为种子用户不是看谁来得早，而是看谁来得频、买得多，这样的用户才有活跃度，也才具有影响力。否则，即使来了再多的原始用户，也无助于总体用户数量的扩散。相反，如果来了大量原始用户，却因为产品与用户不对路，又离开了，这种"负口碑"就会造成用户的大量流失，严重的还会给产品售卖者和开发者造成错觉，认为是售卖方式或产品本身出了问题。

第二，种子用户的质量比数量重要。

种子历来需要精选之后，才能结出优质的果实。种子用户也是如此，需要进行一番选配，用户的性格要尽量与产品的特性吻合，或者用户的影响力要尽量地能波及更广阔的群体。

而且，种子用户的质量要比数量更重要，少而精并不是坏事。相反，低质量的种子用户越多，不仅不利于产品性格的塑造，还会影响高质量的种子用户对产品的认知，形成偏见，甚至离开产品。换句话说，企业的目标应是引进大量的优质种子用户，而不是表面上的大量的注册用户数。

第三，种子用户能够反馈产品建议。

高质量的种子用户，不仅会经常使用产品，让自身成为超级用户或者接近超级用户，还会活跃于网上的产品社区和线下对产品的讨论，能够带动其他用户讨论和互动，还能够为产品开发者提供中肯的意见和建议，帮助产品不断提升性能和功能。

当然，与种子用户的互动并不只是看量级，还要看到互动的内容。如果仅仅是无意义的调侃、夸赞、吐槽，不仅不会给普通用户带去有用的信息，更不会给产品开发者带去有用的建议。

现在，我们已经知道了"种子用户"的意义，那么，如何做才能吸引到"种子用户"，并且让"种子用户"长期留下，还能生根发芽呢？

■ 第一，产品优质

几乎所有的企业都希望靠优质的产品打开市场，这样做是正确的，也是能够长久的。但这样做对产品的要求就高了，除了要满足用户的需要，还要让用户使用起来感觉更爽、更值得、更开心，甚至能从使用中找到归属感。

我父母都非常喜欢华为手机，前些天给妈妈换了华为最新款的8X手机，只花费1600元，速度超快，手感超好，既是全面屏的，还带有指纹识别功能，6.5寸的大屏幕，让妈妈摘掉了老花镜。用着高兴的妈妈从此变身"华为义务宣传员"，出去跟别人介绍这款手机用着怎么怎么好，还不贵。我打趣地跟妈妈说："老妈，你现在是华为的'种子用户'了。"跟老妈解释了什么是"种子用户"之后，老妈说："我就是要让华为遍地开花，好东西更多人用才好。"

"种子用户"为什么能生根发芽，必须要有肥沃的土壤和足够的养分，土壤就是企业的研发能力和产品的优质程度，当真的深埋于此中时，"种子用户"是一定会生根发芽的，逐渐长成一棵大树。

■ 第二，口碑传播

口碑传播永远是各类营销方式中最经济、最实惠，也最长久的。有人认为单靠口碑太慢，的确是慢，但你是否知道，口碑传播是基础最为牢固的。

豆瓣从诞生到强大起来，走的就是口碑路线，其每一个"种子用户"的积累，靠的也是口口相传。

豆瓣的开发者叫阿北（杨勃），起初只是一心一意地做好产品，并没有将多少精力放在产品宣传推广上，甚至连起名字都是就地取材——自己的居住地"豆瓣胡同"。

产品几乎每一两天就有一个新功能上线，每上线一个新功能，阿北都会用简洁干练的文字向早期的用户阐述产品的新变化，并鼓励用户去尝试，欢迎大家提意见。这些用户就像一粒粒种子，被阿北耕耘在豆瓣的大地上，他们等待着新功能的浇灌，与阿北热情地交流着产品变化前后的感觉。豆瓣始终是低调的，低调到连一篇宣传的软文都没有，但半年时间还是积累了两万多用户。对于只有阿北一名员工，没有花费一分钱宣传费的豆瓣来说，这是非常难得的业绩。

我们需要注意的是，这2万名用户的质量，因为是口口相传而得，然后选择扎根下来，所以是非常优质的"种子用户"，为以后豆瓣迅速连片的扩张打下了基础。

这是豆瓣的故事，一个不靠手段，只靠身段的网站，深耕着自己的"种子用户"，最终得到了种子的发芽，等来了种子的茁壮成长，如今的豆瓣已经确认将在国外上市，成就了单人独骑的创业神话。

■ 第三，邀请机制

得到邀请，从来都是一件让人感到荣耀的事。还记得父亲收到第一封请柬时的激动心情，虽然只是一次普通的亲戚孩子的婚礼，但他摸着请柬时的感觉，显然与接到电话邀请不同，因为请柬方式是稀缺的。后来，这种"稀缺效应"被很多企业运用成了扩张用户的手段。

知乎和糗事百科最早都是使用邀请码机制完成原始用户积累的，很多用户因为收到了邀请码，能够成为会员而兴奋不已，成了他们对外宣传企业的第一理由，虽然这种宣传是无意识的，"我昨天收到了糗事百科的邀请码，太好了！""我不知道知乎是什么，可是有人邀请我加入,进去一看,不错啊!"所以,网站达到了"扩招"和对外宣传的双重目的。

其实,由于邀请码的数量给人以"有限"的错觉,所以也让人有了资源稀缺的错觉。而稀缺的获取成本较高,造成了"一码难求"的状况,一旦获得就会倍加珍惜,更主动地使用产品,并且去宣传产品,因为在宣传的过程中可以有一种"我得到了好东西"的优越感。

2.5 连接:利用"爆款"建立与超级用户的关系

企业吸引到用户的关键,最终还是要回归到产品上,只有产品过硬,才是与用户形成连接的最佳途径。

过硬的产品如今叫什么?叫"爆款",或者"爆品",就是被用户买到爆、赞到爆的一款或一类商品。我们身边时刻都充斥着这样的爆款产品,最典型的就是苹果手机,从iPhone 3红到iPhone XS Max,仅仅iPhone 8这一款手机,在京东这一个平台上,评价已经过了100万,简直是不可想象的火爆。这就是爆款!

我喜欢去宜家,很多时候不为了买东西,只是去逛逛,散散心,因为那里有家的感觉。我发现了几款称得上爆款的商品,其中有一个小金毛公仔,售价49.8元,深受大人孩子的喜爱,已经在宜家屹立几年不倒了。每次去,都会见很多人的购物袋里放着"小黄",这是我给起的名字,因为我也有一个。

爆款对于企业的意义就是连接用户的桥梁,用户只要一想到某企业的爆款产品,自然就会想到该企业,这比做任何宣传都更立竿见影。

但是,罗马不是一天建成的,爆品也不是一天就能打造好的。爆品的打造，需要一个由易到难的过程，也就是从简单的功能到复杂的整体，最终到成为引领型或导向型产品平台的过程。

通常，爆品打造要沿着路径经过三重考验，分别是：爆品功能、爆品产品和爆品平台（见图2-4）。

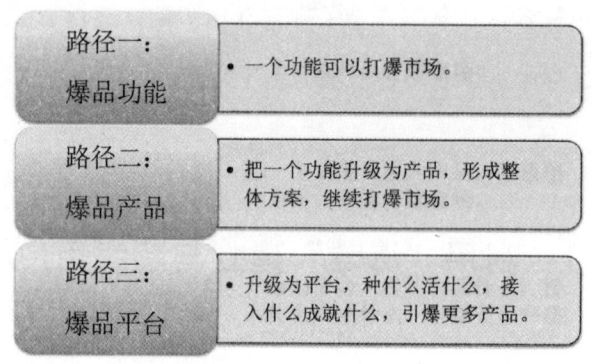

图2-4　打造爆品的路径

想要具体说明该路径的具体走势，我们以案例形式进行。

案例：微信红包。

微信红包是一款爆品，在腾讯公司内部则被称为"七星级产品"。在腾讯，能被"加封"为"五星级产品"已经很牛了，就算是超级爆品了，"七星级产品"就是超级的超级爆品。

为了更好地理解微信红包，先来看看其诞生和成长的历程。

微信红包的诞生，源于腾讯内部的一个强痛点：过节，老板给员工发红包。因为马化腾是潮州人，潮州人有过年开工发红包的传统，这个传统从腾讯成立的第一年一直持续到现在。

马化腾每次发红包，基本上都会上新闻头条，从腾讯大厦39层一直排到深南大道上，有上万人。为了解决过于受瞩目的问题，腾讯在做支付的财付通的同事，专门做了一个电子红包的功能，用于内部员工发红包。

平静随着2013年11月一个小团队在做产品头脑风暴时的一个想法而

截止了,有人提出说:"能不能把公司内部发红包的传统做成一个应用,增加微信支付的用户数?"

于是,爆品诞生了。

■ 第一阶段:爆品功能

将腾讯内部红包功能开发为一个让所有用户共享的功能,得到了腾讯内部的认可。微信中原本的掷骰子功能被红包替换了,用户从一起掷骰子变成了一起抢红包,不仅激发了活跃用户的热情,还炸出了众多潜水用户。无疑,大家都是冲着红包才出现的,有什么让用户活跃起来更好的呢!

抢红包就是微信红包的产品核心,关键就在一个"抢"字,仅2014年农历除夕至正月初八的九天里,共有800多万用户"抢走了"4000万个红包,平均每个红包10元钱。

但是,春节过去了该怎么办?微信红包必须要找到让自己更高频出现的场景,借此将单一的功能转化为产品性的存在。

■ 第二阶段:爆品产品

转折点是滴滴出行抢红包。2014年,一场火爆的补贴大战旋风一样地展开,滴滴和快滴,打车软件界的两大龙头,强势争霸。

微信红包希望借助滴滴打车为自己打出一个场景来,因为"打车"这个场景真的是很好,正好满足微信红包的三个条件:用手机、高频消费、用户痛点。

滴滴团队是超级给力的,在补贴大战中,联合靠微信抢红包功能,投资10个亿给用户发打车红包,不仅拉来了不少新用户,也刷爆了朋友圈。当然，滴滴还请当红明星发红包，在电视台发红包，企业冠名发红包。这种拼了命的发红包方式，一下子把微信红包的应用场景打开了，接下来出现了京东购物送红包、大众点评消费送红包等。

■ 第三阶段：爆品平台

发红包不是一个可以永久存在的行为，微信红包要想成为万能的入口，需要让自己成为可以连接一切的平台。

2015年春晚抢红包，这是一个百亿级的大场景。抢红包有一个最刺激的设计，就是"摇一摇"。看一个大数据：除夕当天，微信红包收发总量达10.1亿次，春晚全程微信"摇一摇"互动次数达110亿次。搜索"微信红包"的百度指数，除夕当天是一个超级大波峰。

当一个爆品功能升级到爆品平台，说明爆品打造已经非常成功了。不仅爆品成了极有竞争力的产品，连爆品平台上嫁接上去的其他产品，也跟着爆品水涨船高，有了更大的竞争力。

2.6 加深：让用户体验成为黏住超级用户的强力胶

产品生产出来的最终流向是用户，用户对产品的满意程度，决定了产品的终极命运，毕竟从来没有哪款产品在用户使用满意度不高的情况下能占据市场。而用户使用的满意度就是用户的使用体验，体验越好，用户就越满意，体验越糟，用户就越不满意。

无论是超级用户，还是普通用户，都很在意使用体验，任何一款产品都必须致力于让产品的使用体验达到优异，甚至是极致优异。尤其对于堪称企业绝对支柱的超级用户，使用体验更是决定了超级用户的存留期限，也就是说超级用户的存留期与使用体验是成正比的，使用体验越好，超级用户的存留就会越坚定，反之则会逐渐离散（见表2-3）。

表2-3 超级用户存留与使用体验之间的关系

	超级用户长期留存	超级用户中途离散	超级用户无法形成
使用体验长期优异	√		
使用体验中期优异		√	
使用体验短期优异		√	√
使用体验优异度断续		√	√
使用体验从无优异			√

通过这个表格可以看出，超级用户与使用体验之间就是这样有些"残酷"的关系，只要产品不能带给用户最好的体验，用户的转身从来都很绝情。那么，如何让用户体验成为黏住超级用户的强力胶呢？

■ 只做让用户长脸的事

我们必须强调，"超级用户是品牌未来最重要的资产""未来品牌之间的最大竞争一定是围绕超级用户""无超粉不品牌、无超粉不经济"。

对于如何实现对产品超级用户的打造，我们有两条建议：第一，只做让用户长脸的事；第二，坚决不做让用户丢脸的事。

这两条有些写意了，很多人听完会很激动，却不知道具体该如何做。其实，在《超级用户》这本书中，艾迪·尹给出了一条很好的建议——倾听与反馈。要想吸引用户成为超级用户，就要尊重用户、倾听用户、了解用户，不要为公司让用户感到不满意做任何辩解，不争论，不找借口。

雷神是海尔集团内部孵化的最成功的项目，成了国内首屈一指的游戏本品牌。但雷神的诞生过程却并不神,在第一批产品上市后,有个别单品出现屏幕亮点,收到部分用户的投诉。但创业团队却不必为此发愁,因为雷神完全符合国家的技术标准——屏幕亮点数控制在三个以内。

但是,雷神团队并没有拿着国家标准去让客户闭嘴,更没有为自己辩解,而是选择通过社交媒体跟所有用户(包括使用有问题的用户、使用没问题的用户、尚未使用的目标用户)进行交流。通过交流,他们发现其实用户为了追求使用的舒适度,宁愿多花钱也不愿忍受亮点。于是,雷神团队尊重用户的意见,将每台笔记本的售价提高了几百元,实现了业内首个无亮点屏幕。对于有亮点问题的用户承诺免费更换,并承诺以后凡是购买新机屏幕出现亮点的都可以无条件更换。

雷神团队此举在业界造成了极大轰动,更多用户对雷神刮目相看,大量原本抱着试试看的用户由此成了超级用户,这些用户成了雷神最忠实的使用者,并不断为雷神转化新的超级用户。

这就是保持与用户的交互,重视用户的痛点,哪怕再小的意见,只要合理,也要为之而改变。让他们觉得有地位,他们就会跟你产生情感,成为你的超级用户。

■ 用户体验的有时候只是一种感觉

超级用户不仅会持续购买你的产品,还会贡献自己的时间、精力及影响力,会成为企业的义工和宣传员,免费传播他们所认可的产品。数据显示,只要抓住10%的超级用户,就能实现70%的飞速增长,比如英语在线教育品牌VIPKID仅靠20万用户就撬动了50亿的大市场。

相比成立才几年的VIPKID,宜家家居的名头更大、更响亮。作为世界知名品牌,宜家早就具备了超级用户思维,给家居行业带来了前所未有的改变。

在宜家之前，家居卖场都如同"领导检阅"一般，顾客在中间走，商家在两头看，都等着顾客的回头一瞥或大驾光临。顾客听着商家半专业、半虚假的介绍，即便是购买了依然难解糊涂，因此从来没听过家居行业会形成超级用户群体。因为传统的家具销售方式，从始至终就没将用户体验放在第一位，既没有给顾客提供好的环境，也没有让顾客真正了解商品的内在，同时还没有给顾客独立思考的空间。

宜家的创始人英格瓦·坎普拉德注意到了这一点，并且进行了改变。进入宜家，仿佛进入了一个个温馨的"家"里。每一件家具，大到一张床，小到一个相框、一束鲜花，都被工作人员摆放在一个个"家"中。这个"家"，是宜家卖场中工作人员用宜家的产品打造出来的。每个"家"的大小不同、风格各异，有主打儿童房的，有主打书房的，有主打厨房的，还有干脆就是一间几十平方米的正规居室，用户一进来，会立即被"家"里的亲切感和温馨感吸引住，仿佛真的回到了自己梦寐以求的家。

正是因为这样的布置，宜家的每一件商品都能让用户产生莫名的爱，他们希望拥有这些商品，希望将每一件商品都搬回家。

宜家不仅在感官上刺激用户，还给予用户充分的自由。首先，所有工作人员除了客户咨询外，不得干涉和影响用户选购，更不得擅自给用户讲解，他们的责任就是布置大大小小的"家"；其次，宜家摆放在卖场中的所有商品，用户都可以亲身感受，沙发请上坐，床铺请试躺，床单被罩拆开看……因为与商品有了非常近距离的接触，用户对产品的了解逐渐清晰。

宜家的优势不再赘述，总之处处能给用户带去极致的体验，让用户对每一款商品都充满了留恋。正因如此，宜家的超级用户群体越来越大，虽然家具不能轻易更换，但这些超级用户会经常性更换小物件，而宜家数不胜数的小物件几乎款款都是爆品，这为宜家带来了大量的收益。

2.7　熵增：剔除影响超级用户降级的因素

任何事物都不是恒定的，即便是天上璀璨的星光中被称为恒星的天体，依然无法恒定不变，等待它们的一定是超巨星→白矮星→中子星，甚至是黑洞的命运。如果一颗恒星最终因为寿终正寝变成黑洞，一定是让人不忍的，毕竟曾经那么光辉灿烂，但这是无法阻止的，恒星都会走向死亡。

显然，我们在用恒星映射超级用户，恒星的死亡不可避免，那么超级用户最终的命运会怎样呢？其实，这取决于企业，如果企业能留住超级用户，那么超级用户将始终发光发热，成为企业最有力的支援者；如果企业无法留住超级用户，那么超级用户必将离散，很可能转过身成为企业的埋葬者。

现实就是这样的残酷，因为"超级用户"这个称呼不是封号，只是昵称，是随时可以更换的，如果超级用户从企业那里感受不到最优质的服务，也享受不到最优质的产品，就没有理由再留下来，既然能成为A企业的超级用户，也能成为B企业的超级用户，还可以成为C企业的超级用户，这种转变的决定权貌似在用户，其实在企业。

当然，从一个企业的超级用户，转变为另一个企业的超级用户，这是一个相当长的过程，用户不经过一定的"刺激"是不容易轻易脱离的。即便是反复刺激，脱离也是逐步的，从超级用户退化为普通用户，再退化为一般用户，再退化为别人的用户，最终成了别人的超级用户。

这也是超级用户降级的过程（见图2-5）。

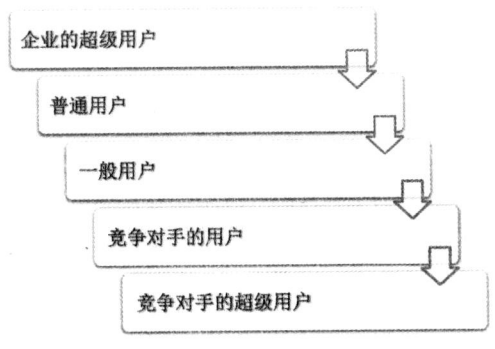

图2-5 超级用户的降级过程

显然，超级用户降级是很不好的现象，一旦发生了就说明企业的经营出现了问题，需要及时改变，那么，有哪些因素容易引发超级用户的降级呢？

■ 不让产品脱离用户的需求

用户的需求永远是决定一个产品能否得到市场认可的首要因素。如果产品不能满足用户的需求，即便有再高明的营销手段、再强大的资本，也难以吸引到用户的注意力。

在这方面，罗永浩应该深有体会。如果说一个企业连一件产品都没有生产出来，就已经有了粉丝，这是一件神奇的事情，而锤子手机创造了这样的奇迹，一些"慕名粉"甚至提前交钱预订了产品，可以预见，如果锤子手机各方面能够满足用户需要，这部分人就将是企业的种子用户，未来很可能演变为超级用户。但锤子手机上市后的销售却不尽如人意，一阵快打旋风之后沦为不入流产品。这让"慕名粉"很失望，只能迅速脱离开，寻找下一个栖身之地。

锤子手机尚未出世，先赚到用户靠的是高明的营销手段，可惜产品的不给力是个无法弥补的缺憾。因此,企业在做产品时,必须要从用户的需求入手,还要是刚需。

用户想要的都可以称为需求,当需求非常强烈时,就升级为刚需。只有满足了用户的刚需,用户才能长久地围绕在企业周围,成为企业持续发展最重要的支撑。

一家做智能家居的公司,一直以超现代感的产品与用户对话,因此吸引到一批忠实的超级用户和准超级用户。企业管理层信心十足,准备在未来大干一场。今年年初,它相继推出多款智能产品,每一款的科技含量都超高,外观也很前卫。令人意外的是,产品批量面世后得到的反响却并不热烈。

是研发不够尽力吗?时间、精力、人力、物力都做到了极致。是服务不用心吗?用心!是产品不精美吗?精美!是使用体贴度不够吗?绝对够!其实,他们做好了外围的一切,却忽略了核心——用户(见图2-6)。他们的产品所对应的用户并没有这方面的迫切需求,所以无法引入种子用户,自然也就不会有后期用户。

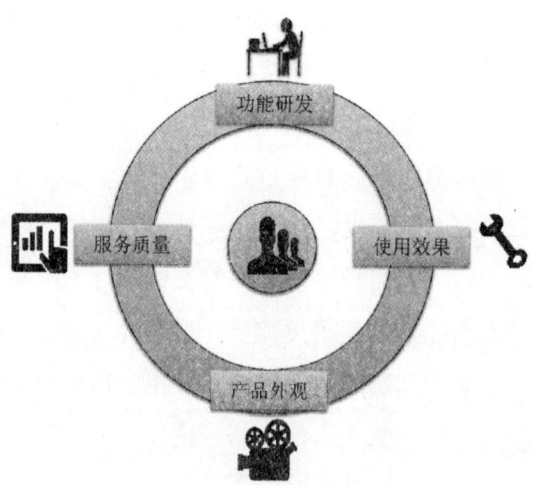

图2-6 核心用户与外围其他工作

作为企业，最不值的行为就是往一个自认为有前景却根本不存在的市场里砸入资本，投入精力，付出时间，这是最为危险的。其实，要想找到用户的刚需，只需遵从两个方面：

一方面是跳出自以为是的陷阱。做产品的时候，不要跳过用户需求，去想当然地认为用户一定会使用我们的产品，不能用商家的思维代替用户的思维去思考。因此，不要只重视产品的材质、外形和使用体验，而要着重去看用户会不会真正地需要这件商品。

另一方面是多做市场调查。这是现代经营中必不可少的一个过程，因为企业对所服务的市场和目标用户总是知之甚少，缺乏有效的信息来源，进行严格的市场调查可以有效减少产品研发过程中的不确定性。正确的方式分为几个步骤：

1. 没有产品雏形之前要调查。比如，用户有哪方面的问题亟待解决？需要什么样的产品帮助解决？能否给一点实质性的建议？

2. 有了产品雏形之后要调查。比如，用户对我们的产品设想有什么想法？认为我们的产品可以帮助他们解决问题吗？有什么更好的建议吗？

3. 产品上市之后依然要调查。比如，用户为什么要用我们的产品？为什么不用我们的产品？是什么驱动用户选择我们的产品？

■ 及时规避负面网络效应

负面网络效应有很多种形式，但是网络效应这种自增长的模式主要是源于用户自发的行为，而且我们讨论的也是超级用户，那么就来看看用户行为不当所造成的负面网络效应，对网络环境发展的损害和平台上一方或多方的流失。

由用户引发的负面网络效应的表现形式为：

1. 用户的违法违规行为。比如，有人在微信朋友圈或其他社交平台发布不健康内容，这些行为会影响健康的网络环境，轻则受道德谴责，重则受到法律的制裁。如果不对这样的用户采取制止措施甚至驱离，遵纪守法、遵守道德的用户就会逐渐逃离。

2. 用户影响平台正常氛围的行为。比如，某些商家在某类专属App上进行与该平台产品无关的点评，就会扰乱该App的正常运作，让正常使用该App的用户对平台产生质疑，从而导致用户流失。

3. 用户做出损害其他用户权益的行为。比如，淘宝的商家销售假货的行为，会严重侵害其他用户的权益，让用户对淘宝失去信心，导致想买放心商品的用户流失。

4. 用户不负责任的广告行为。比如最常见的在朋友圈发广告，让很多微信使用者诟病。不是说微商不合理，但肆无忌惮地发广告已经越来越不被容忍了。

网络效应有了不好的一面，就需要进行有效的监控，将负面因素尽可能转变为正面因素，才能最大限度地剔除导致超级用户降级的可能。这里我们总结出三个方法，供大家参考：

第一，用户实名制认证。

用户实名制认证是切实的对用户的监控方式，让用户的行为能真正同线下的真实身份结合起来，而不是一系列网络上的虚拟身份。如今，很多平台已经把实名认证作为一种获得奖励的方式，以避免用户的反感。

第二，让用户之间彼此监督。

只有相互监督才能做到公平合理，如果仅仅是一方监督另一方，会给一方造成极大的压迫感和不公平感。淘宝为了更大力度地打击违法违规商家，推出了购买评价功能，通过评价来监督买卖双方（主要是卖家）及快递从业者的行为。

第三，健全风险控制机制。

这是一项持续性工作，要求线上平台与线下运营结合起来，用户通过评价的负面情况和举报的行为将信息反馈给平台，一方面要求运营人员及时进行处理，以防影响扩大；另一方面要求平台提供合理的机制供运营人员正确地处理这些负面情况，以保证处理的公正性。

2.8 变现：超级用户的存在就是实现更多价值

企业之所以如此重视超级用户，是因为拥有了超级用户就拥有了源源不断的价值摄取入口，这些超级用户不仅自己为企业贡献价值，还会带动大量的用户群体一起为企业贡献价值。

下面，我们通过"AARRR理论"，来详细谈一谈超级用户的价值变现。

所谓"AARRR理论"，是企业与用户之间关系的一种层级式的表现，并通过这种层级，区分了用户对企业的价值层级（见图2-7）。

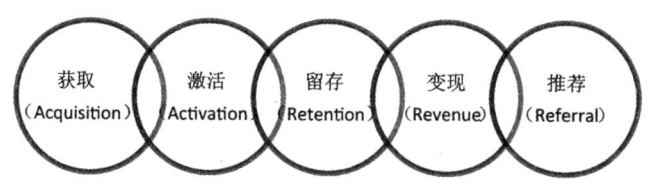

图2-7 企业与用户的关系

流量思维只做到"获取"阶段（大批量地获取量级客户），普通用户思维做到"激活"阶段（拼概率地实现客户激活），粉丝思维则做到"留存"和"变现"阶段（有针对性地实现用户的留存和消费），而超级用户思维则一直做到最后的"推荐"阶段（用户的主动消费及宣传扩张）。

可见，想要实现超级用户的价值变现，核心的环节是提高用户的留存率。而用户的留存率需要通过对产品的核心价值点的打造来实现，再逐步培养起忠实用户群，并以忠实用户作为种子向外扩散。具体的过程如下：

第一步：产品必须有一个核心价值。普通用户能否变身为超级用户，所有的增长都是从这里开始的，这是增长的基础。

第二步：关注首次试用产品的用户。特别是第一次的用户体验，这相当于有效的激活，能否留存下来尚未可知。

第三步：挽回流失的用户。试用过后就流失的用户并不一定都是因为对产品的不满，也可能是自己的原因，企业需要利用各种方式，如微信、邮件、短信等，让用户能够再次回归。

第四步：找到有需求的用户。比如，某用户在网上搜索某个产品，那么，针对该用户的需求，可以通过SEO（搜索引擎优化）、SEM（搜索引擎营销）等方法提供给用户产品的入口。

第五步：找到核心匹配的群体。这是可挖掘超级用户机会最大的群体，只有与之匹配，用户才有可能爱上产品。

第六步：做全面市场的品牌认知。当做到上述五步之后，说明产品已经有了稳定的用户群体和客观的超级用户基数，品牌得到市场认可已经是水到渠成的事情。

如果企业已经有了一些超级用户，对于企业进一步实现上述六步是非常有帮助的。超级用户可以让产品的核心价值迅速得到扩散，比企业做广告自说自话要清楚、透彻得多。所以，苹果公司的广告从来不说一句产品内在如何，只是做一份情怀，因为产品有那么多超级用户在帮他们说。超级用户还可以影响已使用过的用户、有使用需求的用户、有使用意向的用户、已经流失的用户等，那么多尚未使用苹果产品的人去苹果体验店看一看的原因很大一部分来自"果粉"对他们的影响（见图2-8）。

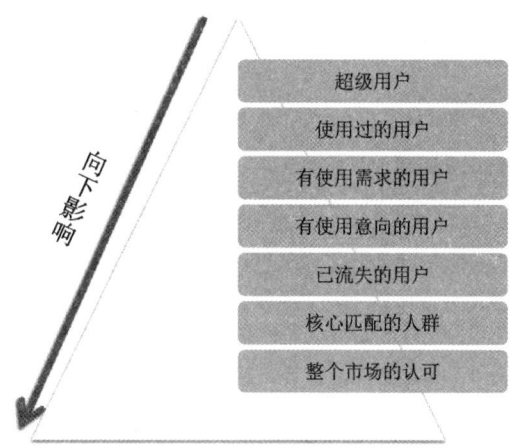

图2-8 超级用户对企业的价值

从图2-8可以看出超级用户的更多价值，除了自己热爱，自己通过购买商品为企业带去价值变现外，还可以影响其他用户。而且距离超级用户越近的群体受到的影响越大，图2-8中，"使用过的用户"距离超级用户最近，受到的影响也最大，现实中很多超级铁粉都是从使用过的用户群体中升级上去的；"有使用需求的用户"距离超级用户第二近，受到的影响也很强烈，现实中很多尚未使用过某种商品但对该商品有兴趣的人，很容易被该商品的超级用户带入节奏，成为产品使用者，然后是忠实使用者，最后晋升为超级用户。

第三章
IP：制定未来商业游戏的新规则

当你的企业还在为如何打造品牌而费尽心力时,有些企业已经开始为如何打造IP而思绪万千了。IP是什么?源于品牌,却高于品牌的家伙。做好了它,其价值可以碾压品牌效应,因此,商业大咖们都将IP称为是"制定未来商业游戏的新规则"。那么,你掌握这项新规则了吗?

3.1 把单品打造成IP，衍生更多价值

IP是什么？

罗振宇在演讲《时间的朋友》中说："稀缺性是交易的入口，IP登场了，它不是一个被吹大的泡沫，一切才刚刚开始。"

"华谊兄弟"CEO王中磊说："IP是影视行业最核心的部分，互联网时代可以让IP从一个单一的创意变成影视公司与观众之间的多元情感连接，比如游戏转为电影，粉丝互动等；另外，以前传统影视行业是以创意者为中心导向观众，互联网时代则是观众导向创意者。"

知名作者吴声说："我们看到，当互联网基础设施发生变化，就会产生或者诞生新的形态。这样一种形态，我用超级IP定义，这个超级IP不是泛娱乐的电影、动漫、卡通、手游、网文，更多是代表在这个时代，只有拥有内容力才能生存，真正意义上形成心智连接，真正意义上完成基于用户情感的维系。超级IP就是把这样一种维系、连接、温度感，转化为更可持续的流量。"

……

对于IP的定义，每个人有每个人的理解，但不管如何理解，IP都包含着以下几点。掌握住这几点，不管你对IP是如何理解的，你都能通过IP达到你的目的。

例如，"同道大叔"，它就是通过IP让自己的品牌实现了更大的价值。"同道大叔"是以微信社交平台为主要渠道，通过幽默的吐槽方式与风趣的漫画风格，在短时间内获得上千万粉丝的喜爱，成为互联网内最有商业价值的星座IP之一。

"同道大叔"IP的成立，有着非常迅速的成长历程，2014年年底，蔡跃栋在微博发布第一条星座吐槽微博，之后成立自媒体品牌"同道大叔"。2016年年底，美盛文化以人民币2.175亿元的价格，收购同道文化72.5%股权。截至2016年年底，"同道大叔"借助IP的影响力及美盛文化的帮助走向集团化部署，衍生打造了同道生活、同道制造、同道服饰、同道影业、道仔文化等多家控股子公司。在2017年，同道文化凭借IP品牌授权，获得了1500万量级利润，在全国同类型创业公司里名列前茅。在2018年9月9日的周网红榜单中，"同道大叔"位列第九位，星座漫画第一，影响力仍在持续扩大。

从"同道大叔"的案例中，我们可以看到IP的价值与优势，一个小小的自媒体品牌都可以通过IP化形成集团式的发展，对于那些实力雄厚的企业来说，IP更是可以帮助其获得更好的发展，而现实中也有不少企业通过打造IP突破了自己的发展瓶颈。比如腾讯，虽然它已经是一个"超级物种"，盈利能力毋庸置疑，但是上升的空间却也非常有限，此时通过"王者荣耀"这个超级IP，腾讯又打开了一个新的盈利空间。由此可见，打造IP俨然已经是一个趋势，但有成功，必然有失败，那些打造IP失败的企业是因为没有掌握到IP的真正要点。

■ 第一，视觉锤

视觉锤是一种借喻式的比喻，用锤子的力度来形容视觉效果强大给用户带去的震撼力，因此，视觉锤也有强大的视觉辨识能力，让消费者一看到就知道它是哪个IP，其具体表现在两个方面：

一是VI（全称Visual Identity，即企业VI视觉设计）视觉元素：比如同道大叔的头像、哈利·波特的扫帚、美国队长的盾牌；

二是故事感：比如一听到盗墓就想到《盗墓笔记》，一听到"超级英雄"就想到蜘蛛侠、蝙蝠侠、钢铁侠等。所以,企业打造IP,也要营造自己的视觉锤,比如褚时健打造出来的褚橙,一想到"励志人生"就能想到褚时健,从而想到褚橙。

■ 第二,强链接

强链接是指能够激发用户主动分享的欲望,具体表现为三点,见图3-1。

图3-1 强链接的三个表现

好的IP一定能够引发消费者参与,让消费者乐意主动分享。因为真正的IP刚开始都是半成品,它是在与消费者的交互中逐渐丰富内涵并扩散,简而言之就是种子用户因为喜爱主动聚焦形成了兴趣社交,然后再主动传播。

比如《盗墓笔记》,原先只是一本盗墓小说,因为读者喜爱,就形成了"稻米"这个社群,然后通过"稻米"的影响力不断地扩大《盗墓笔记》的知名度,让更多的人加入"稻米",最终形成了《盗墓笔记》这个IP。由此可见,IP其实是消费者之间的一个连接器,在打造IP的过程中,要以人为中心,而不是以产品,只有在受众心中产生了乐于分享的情感共鸣,才能成为一个有持续鲜活生命力的IP。

■ 第三，沉淀性

好的IP一定具有价值沉淀性，它具体表现为有温度，有营养，有长久的生命力，不是快餐式的消费。

比如，美国队长诞生于1941年，钢铁侠诞生于1963年，但如今已过了五六十年，它仍然能产生价值；又如《西游记》与《三国演义》，经历了数百年，仍然能够为影视行业、图书行业、有声小说行业、动漫行业创造价值；再如苹果公司打造的苹果系列手机，从iPhone 4成为享誉世界的IP后，如今已经发展到了iPhone 11 Pro，它仍然能引起无数消费者的痴迷，为苹果公司创造巨大的利益。

■ 第四，普世性

爱情、亲情、正义，各种各样的情感与价值观都能够推动IP发展，让人引起共鸣，从而深入人心。

《盗墓笔记》为什么历经十年还能保持高热度，还能源源不断地吸引新粉丝，还能一有新动态就引起粉丝的巨大关注，除了故事的情节，最重要的就是"吴邪、张起灵、王胖子"这个三人团队的兄弟情义。

"兄弟"情义，是全世界都认可的"价值观""情感观"，因此它才能引起更多人的共鸣。就像是好莱坞和迪士尼的作品能够在全世界得到认可，就是因为它们对于IP的普世元素有着准确的把握。普世元素和人性息息相关，不管是生活在世界哪个角落的人都有共性，把握住这个共性才能保证IP覆盖最大面积的消费者。

3.2 在企业发展需求上做IP定位

企业未来想要做大，就必须坚持走IP路线。随着移动互联网的发展和用户需求的变化，各大企业品牌营销的风向也出现了新变化。原本只存在于二次元圈子中的一些萌物或者卡通形象也获得了越来越多品牌商的青睐。商家们更是纷纷推出符合自身品牌特色的IP形象，比如AcFun的AC娘、哔哩哔哩的233娘、知乎刘看山，还有网易新闻野生内容官王三三等，这些企业用一些独特个性的IP形象俘获了一批新粉丝的喜爱，这也成了未来企业发展的一大趋势。

IP经济同时也是粉丝经济，有粉丝追捧和买账，你的产品乃至你的企业才能做大做久。既然IP效应如此火热，那么企业在未来发展需求上该如何进行IP运营呢？首先就需要做一个IP定位。

■ 围绕企业或者产品的个性做IP定位

当今是个性张扬的时代，也是追求个性的时代。企业秉持个性、发展个性也成了未来的趋势。想要做大IP，首先就要围绕企业或者产品的个性做IP，这具有特殊的作用与意义。

通常情况下，一个企业或者一个产品都有自己的品牌属性，也就是个性。因而IP定位也应该围绕这个个性去展开，让企业或者产品的个性在IP上面得到体现。

2018年11月3日，荣耀手机与中国移动咪咕、世界慢食协会、梵高艺术、魔漫等共同出现在"2018 IP开发者大会"上，这一行为也引来诸多好奇的目光。在IP大行其道的今天，科技企业也开始走向IP化。

荣耀总裁赵明发微博表示，IP经济同时也是粉丝经济。荣耀手机的个性化（特点）是为年轻人打造一个全面的个性化娱乐专区。

荣耀手机作为代表年轻人文化和价值观的互联网手机品牌，从一开始就重视与年轻用户沟通的渠道。事实上，荣耀手机已经打造过四大定点的IP活动——电竞堂、美摄会、制噪者、FISE极限运动。

电竞堂结合荣耀手机的高性能，在北京、深圳、济南等地举办了包括荣耀王者挑战赛等在内的多项电竞活动，每一场活动都人气爆棚。

美摄会完全是发挥出了荣耀手机的美拍特色，将年轻人的拍照文化融入手机体验中。2017年5月起，荣耀携手大疆、同道大叔等品牌及IP，举办荣耀美摄会活动，陆续为年轻人带来时尚潮流拍照体验。

制噪者是荣耀打造的国内首档实景原创音乐真实秀，从2015年就已经开始举办，无数的年轻人通过这个平台用音乐表达了自己的内心，追求并实现了自己的梦想。

最后是FISE极限运动。从荣耀独立创立品牌开始，五年时间内，荣耀持续赞助FISE世界极限运动巡回赛的单项、单站赛事，并且升级为官方首席赞助商。

所以，通过上述荣耀的四大IP运营就不会惊讶为什么在2018年11月3日，荣耀手机与中国移动咪咕、世界慢食协会、梵高艺术、魔漫等共同出现在2018 IP开发者大会上这一事件。

荣耀打造的这一系列的IP活动都与荣耀手机自身的一些特点和个性化功能分不开，尤其是与荣耀倡导的"勇敢做自己"品牌精神高度契合，为年轻人提供潮玩聚集地及精神归属，共同打造年轻人的新生活主义。

在未来，荣耀还会持续将IP打造下去。

因此，企业在最开始想要打造IP时，就要借助自己产品或者品牌的个性化来展开。

1. 你的产品或者企业必须要有一个文化价值观。

2.你的产品需要有一群固定模式的粉丝,也就是主力军(他们会帮助你推动IP发展)。

■ 围绕社交属性打造IP形象

在IP定位上面,我们首先不要忘记一个大前提,那就是社交属性。如今,社交媒体的发展和趋势已经越来越强烈,任何的运营行为几乎都离不开社交属性。例如,社交电商、知识付费等,都有社交的成分。在未来企业打造IP形象时,也要围绕社交属性来打造。

我们以美图为例,看一下美图是如何在IP形象的打造中一步步丰富起来的。

美图的IP形象最初只是单纯作为品牌吉祥物存在,在气质设定上贴合品牌目标人群,增强企业在市场中的辨识度。但随着社交媒体的发展,美图发现IP形象对用户来说发生了变化。如今,企业推出的IP形象在定位上逐渐发生转型,它们变得更加贴近用户,和用户的情感交流更加频繁、多样。也就是说,IP们被赋予了"社交"属性。

2018年下半年,美图在之前"小笼包鸡""太空柠檬""闪兔"等一众二次元形象的IP的基础上推出了MTfamily的一位新成员——粉红色圆球状的"比心海豹"。MTfamily给这个IP的定位有别于之前所有IP形象的设定,打造出了全新的"陪伴型"IP形象。

它在"萌"的基础上,加入了"比心""打call"等流行元素,并以"比心"为内核开发内容、活动和衍生品,使其更易在年轻群体中传播。此外,海豹的短尾巴翘起,又形成了明显的心型,这个小细节使得虚拟形象承载了更多拟人化的情感,为更多年轻用户带去了温暖感。

在内容方面,MTfamily团队联合艺术家和用户,为比心海豹设计了"520种比心动作",并推出系列短视频、插画等,持续输出轻娱乐减压内容。通过这些行为可以看出，美图推出新IP的目的并非全部是为了宣传美图，更多的是意图打造新型社交IP，和用户持续沟通建立情感，实现未来更大的商业价值。

美图的这次新IP的打造，赋予了IP社交属性中的情感认同。MTfamily还开发出了新玩法，在活动方式上和用户建立更多元化的情感呼应。用户可以通过各平台的线上活动，免费领养品种多样的IP，参与活动的用户有机会获得MTfamily的正版公仔和周边产品。从线上到线下，更广阔的商业版图得以逐步拓展。

同时，MTfamily还宣布对这个IP形象开启一年的免费授权计划。在社交媒体上，线上贴纸、表情包、AR特效等衍生的创作也应运而生。

美图的这种做法给很多企业带来了启发：

1．IP形象要注重与用户情感、精神关联，这样可以紧密聚拢零散用户，使其通过共同的情感投射物，形成更加集中的认知群体，进一步增强用户对品牌的认同感。

2．多给用户开放一些特权，让用户对你的IP形象进行社交化，让品牌形象更加扩散。

■ 围绕管理者打造IP

企业还可以围绕管理者、创业者来打造一个IP形象。例如，papi酱本身就是一个IP。当然了，企业不是做网红，管理者在给自己打造IP时，需要来点实际的。例如，任正非。

长期以来，任正非都是一个非常神秘的管理者。不知道从什么时候开始，"任正非"这个名字成了一个家喻户晓、随时能在新闻报道中看到的人物。

其中转变的原因就是任正非也认识到了成为IP的力量。任正非本身的IP属性始终围绕着华为的真实展开。

第一，对外发表文章，将IP放大。

任正非流传最广的两篇文章是《我的父亲母亲》和《华为的红旗到底能打多久》。从这两篇文章开始，任正非就被贴上了"真实亲民"的标签，而这个标签正符合了华为给外界的形象——内敛、真实。

第二，经典语录，扩散IP。

随着华为的发展，任正非的语录也越来越受大众关注。而任正非的语录在体现着力量之余，也有着真实的一面，因而引发共鸣，被广泛传播。

任正非的这些语录朴实无华，真切生动的至理名言引发热议，被企业界甚至很多年轻人奉为"真理"。这种行为也放大了他的IP的光辉。

第三，低调的小事情让任正非的IP火爆。

2016年4月，任正非在微博上突然火了。因为有用户称看到任正非深夜一个人在机场打出租车。随后又爆出"任正非在华为食堂排队打饭"的信息。这些小事情不但显示出了任正非低调的性格和做事风格，更让用户看到了华为低调朴实的一面。

所以，任正非成了华为最火的IP一点也不稀奇。从任正非成功打造IP这个事例可以看出，一个企业想要做大IP，也可以从管理者或者创业者角度打造IP。当然了，作为创业者的你必须要有一些独特的特质，这些特质要符合两点要求，见图3-2。

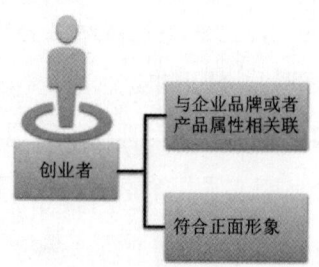

图3-2 创业者的独特特质的两点要求

3.3 为IP打造一个视觉锤

2018年流行一句话，叫："小猪佩奇身上文，掌声送给社会人。"

看到这句话，人们会瞬间想起那个萌萌的小粉猪，毫无疑问，这是2018年在抖音中最火热的现象，也是最强势的IP之一，它的粉丝从儿童到成年女性，在一段时间里，产品周边从抖音到线下商店无处不在。

"小猪佩奇"这个IP的火爆，也让很多企业认为公司在未来需要IP符号做外部的宣传和引导。因此，不少企业辛辛苦苦打造IP形象。然而，有些IP历经千辛万苦终于走向市场时，却发现反响平平，还不如一个小小的粉猪有影响力。这是为什么？因为你的IP在视觉上不够抓眼球。我们想让IP成为企业的超级符号，就必须要打造一款独特的IP形象。

■ 所选的形象尽量要与企业属性相符

事实上，做到这一点很容易。如果你的企业名称中有一些特殊的名称，就可以在IP中以这些名称作为符号。例如，海尔的logo也是海尔的IP，即"海尔兄弟"。

假如你开的是四川火锅店，那么你的IP形象就可以使用四川妹子，IP形象是加强消费者对企业认知的一个符号，而不是独立存在的一个形象。

如果形象选择不好，很可能适得其反，消费者都知道这个形象很出名，却忘记了究竟是哪个企业的形象。

例如，零食品牌百草味，百草味曾经打造了一个IP——"仁仁果"。该产品的出现，标志着继"抱抱果"之后百草味又一款IP化单品上市。

百草味以IP化的路线打造爆款单品。百草味推出的"仁仁果"，打出的旗号是"人人有机会活出真我"的宣言。

"仁仁果"在市面现有的混合果仁基础上，搭配了更多原果种类，丰富了各类口感，并以不同配比满足功能人群营养需求。百草味推出的"仁仁果"分为三个系列，并根据不同的果类配比出了三类营养搭配方式，更符合营养膳食的生理周期。这样的IP不但可以加深印象，而且能让消费者从中真正获得好处，因此这样的IP也是非常受欢迎的。

■ 所选的形象是消费者非常熟悉的事物

IP视觉的设计上，我们可以直接将其物化，例如，天猫的红黑相间的猫头，看起来很夸张，头大身子小，还是两色的。但就是因为与众不同，所以它很快被大众记住了。

再比如小猪佩奇，一只粉色的小猪形象，仅仅看就会被萌到。后来以小猪佩奇为主角的动画片悄然到来，不仅在小朋友中间引起好评，而且在成人社会里引起热潮。

由此可以看出，对于广大消费者来说，已经熟悉的事物（比如小猫和小猪）更容易让这个IP口口相传。

相反，有些企业喜欢凭想象设计动画形象，设计效果纵然非常好，但消费者不认得这是什么，想要转述时也无从表达，传播效果自然非常差。

■ 打造独特的IP形象，力求与众不同

我们还是以小猪佩奇为例，粉色的猪身，歪嘴的形象，让用户一眼就可以将其与普通的猪相区分，甚至还可以让消费者有想象空间，有些客户会将其想象成一个吹风机。这样的IP非常有个性，也十分独特，让用户可以更好地分辨。再例如，天猫的猫头中的那个大眼也能让消费者看一眼就难忘。

因此，塑造的IP形象一定要有记忆点，让消费者提到的时候瞬间就能够辨别出来是你们公司，而不是竞品公司。

传统企业雀巢公司也加入了IP形象的阵营。雀巢深知在未来的企业发展中，如果没有IP的超级符号，那么就会很难走下去。

于是，雀巢优活（纯净水）根据目标消费者群体，打造了三口之家的小红人IP，对应雀巢瓶装水上一直以来都在延续的设计元素。这使得一个包装上的静态符号活化成了一个具有人情味、温度感、可具象感知的三口之家。

雀巢更为巧妙的是把包装上的三个小红人进行活化，赋予他们鲜明的个性和互动关系，让他们和受众讲故事，这些故事又是直接取材于现实生活。雀巢联合腾讯视频、优酷、土豆、爱奇艺、乐视等平台同步更新《雀巢优活家庭脱口秀》。

因此，大部分的年轻家庭主妇看到之后都会说："哈哈，没错，我家在生活里就是这个样子的。"这样的IP形象仿佛比直接与消费者沟通更到位。这样会让受众拥有直接的代入感。

该脱口秀每集都会关联一个话题，如星座、情怀、鸡汤，每集都拥有一个雀巢观点。看似拥有多元化的视角和主题，其实每一个内容都有严谨的洞察和设定，标志着雀巢整体品牌战略直面众媒时代的再次

成功突破。

3.4 赋予IP人格，让IP活起来

在未来的企业发展中，硬件是很重要的，但是软件也同样重要，精神层面的东西更容易给客户留下深刻的烙印。因此，企业必须要注重精神深处的文化建设。纵观天猫、京东、腾讯、小米、苹果等，几乎每一个大企业都有自己独特的IP，这些IP不仅仅是存在于logo之上，还会将其人格化，赋予人格化的IP更能让用户加深记忆。

所以，在未来的企业运营中，我们需要打造具有人格化的IP形象，让IP真正"活"起来。

什么是人格化IP呢？我们先用一幅图来表现（见图3-3）。

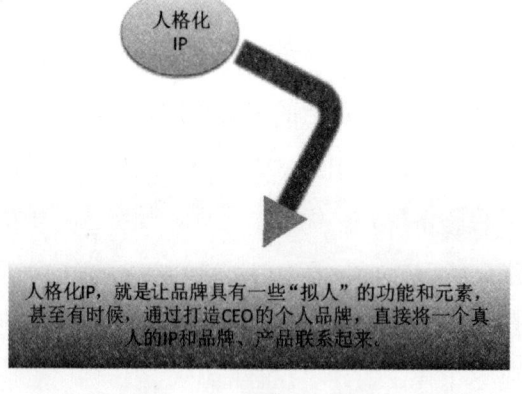

图3-3　人格化IP示意图

第一，人格化IP更像一个人，要有人的性格和情绪。

打造一个人格化的IP不是单纯地给logo制造一个卡通形象或者赋予它一个有趣味的名字，你应该把它真正看成一个"人"的概念（见图3-4）。

第三章 IP：制定未来商业游戏的新规则

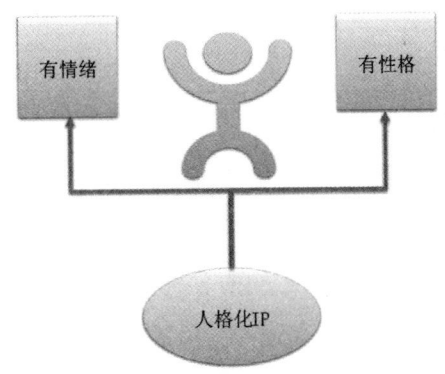

图3-4 人格化IP的"人"概念

这样才能更丰富这个IP的概念，让用户印象深刻。

第二，要建立一个类似"人物小传"的概念。

换句话说，我们要书写出这个人或者品牌的成长背景，用于清楚地交代这个人从哪里来，要到哪里去。也就是说给这个IP交代一段历史、一个起源。

第三，和自己的目标用户建立"人与人"之间的直接情感关联。

在这里，我们可以用"人"的方式与用户进行交流。用一种符合这个人格化IP的表达和交流方式，通过借助各种的内容表达形式，如短视频、直播、图文、音频等去和用户进行沟通和交流。需要注意的是，在交流时一定不能用机器人的语气语态，而要用已经和用户达成的人物关系的语气语态来沟通。

■ 为人格化IP找到一个好的"人设"

想要做好人格化的IP，首先就是做好定位，为人格化IP找到一个好"人设"。其次，一旦找到适合的"人设"定位，就要持之以恒，不可中途随意更换"人设"。

在这里，着重说一下定位，即人格化IP的定位方式，寻找好"人设"。

不同的行业所需要的人设形象与定位，以及需要其所具备的能力和功能都不尽相同，这需要结合具体的行业特点。

1. 明确这个"人设"是谁？

人设IP是男是女，其年龄和职业分别是什么，甚至我们还要搞清楚IP和用户之间的关系是什么？是专家型、陪伴型，还是偶像型？

例如，你的企业如果是一个对用户需求垂直类型的企业，如培训教育等，那么这个人格IP就可以设计成为一个专家类型。"人设"的定位，首先来自用户的内心对于此类"人设"的需求，按需设计，按需提供，这样可以很大程度上避免认知错位。

2. 解决"人设"的功能性问题。

思考这个"人设"所对应的目标用户是哪个区域。换句话说，你的人设IP需要面向哪一个细分垂直领域，通过哪种才艺、性格、外貌表现、内容生产的方式，去吸引你想获取的用户。

3. 让用户对这个"人设"产生感情。

深入挖掘"人设"的独特性，为其策划和设计一些好玩的、有辨识度的标志性行为和语言系统。同时，要保证"人设"能够高频出现在用户面前，保持一定曝光强度。

当然了，当你打造了"爆款"之后，务必要长期坚持优质内容的输出，这样才能更好地吸引和黏住客户。

■ 让客户参与到人格化的IP之中

实际上，IP人格化就是企业品牌的人格化。企业的IP想要深入人心，必须使其"活"起来，"活"起来的一个方法就是让用户参与到这场人格化的IP之中。例如，三只松鼠的做法就非常有参考意义。

三只松鼠爆发式增长背后靠的是口碑的裂变，在客户中通过极致体验建立口碑，并通过社交化媒体建立网络口碑。其核心是推己及人——站在消费者的角度，思考需求的同时，还利用三只松鼠的"主人文化"，将弱关系变为强关系。

当客户第一次接触三只松鼠时，会在第一时间给顾客留下难以磨灭的印象的，就是那三只可爱的松鼠——鼠小贱、鼠小酷、鼠小美。

三只可爱松鼠的"萌"营销只是表层原因，深层的营销是直接赋予了品牌IP人格化，以主人和宠物之间的关系，替代了传统的商家和消费者之间的关系，这才是三只松鼠的本质意义。

例如，在三只松鼠的服务中，客服会以松鼠宠物的口吻来与顾客交流，顾客成了主人，客服成了宠物。于是，客服可以撒娇，可以通过独特的语言体系在顾客脑中形成更加生动的形象。

这样一种聊天方式把整个交易的过程转化为一种互动化的戏剧性的沟通过程。三只松鼠，实际上已经实现了品牌人格化。借助主人文化和三只可爱的松鼠，品牌不再是高高在上，而是亲切、真实，体验感极强。

3.5 利用仪式感为IP赋能

如果你了解市场的情况，就一定要区分红海和蓝海市场，并且在自己所在的垂直领域找到未被开发的蓝海方向。

截至2018年10月，卡思数据报告上总结的各种"红人"的类型，基本集中在游戏、娱乐、音乐、舞蹈、动漫等泛娱乐领域。然而垂直细分领域的行业大V、知识型人格化IP都还很稀缺。用户此类的需求一直都在，并且在不断上升，因此关注自己所处的市场现状以及自己用户的需求，找到平衡点，就可以发现自己所要孵化和打造的IP的差异化特点。想要做到这一点，我们需要利用点仪式感，为我们的IP赋能。

■ 用跨界仪式打造IP赋能

有这样一种IP赋能属于"天赐机遇"类型。为什么这么说呢？因为这类IP形象往往与品牌形象完全契合、天生绝配，可遇不可求，对于其他品牌来讲，它的不可复制性非常强。在这种IP赋能的具体操作中，品牌方也最省心，只需要在众多的IP中检索到与自己最合适的即可，后续传播中，然后最大化地将IP价值与品牌交融即可。

在这里有一个最经典的例子，那就是小黄车ofo与小黄人的跨界IP赋能运作。

通常情况下，人们不会觉得这两个品牌的跨界是意外。因为ofo小黄车与小黄人的合作，首先是先天"黄"色基因的匹配。在共享单车领域内，小黄车已然将"黄"这个品牌主色调深深地印在用户脑海，甚至走入其心里。可以说，小黄车在颜色大战中脱颖而出，成为霸主。

而这次与小黄人的"联姻"更是妙，同样以"黄"著称的小黄人与ofo小黄车组成"最黄CP"，这种IP赋能的确让人感觉非常协调，甚至出现莫名喜感。

在这个跨界的仪式中还有第二重匹配，那便是产品名称的呼应，小黄车和小黄人，就好像是一对孪生兄弟，念起来朗朗上口，极易引发自传播。

ofo小黄车在这轮传播中更是不负众望，充分抓住以上两点匹配基因，将小黄人的呆萌形象引入新一代ofo小黄车的产品设计中，可谓深度跨界。ofo根据小黄人形象设计推出"ofo大眼车",巧妙地将小黄人最萌的一双大眼睛装在了车身上,这如同赋予了小黄车鲜活的生命,真正将IP价值植入品牌深处。同时在传播中加入小黄人造小黄车等趣萌物料,迅速赶超竞品提升品牌在年轻人群中的口碑。

这种做法给这两个品牌的IP进行了一场很好的赋能"联姻",增强了双品牌的印象感。

■ 通过IP价值搭建情感纽带,唤起情绪共鸣

IP赋能中还有一种方式,那就是品牌方运用扎实的基础理论,回归到IP赋能的本质,即通过IP价值搭建情感纽带,帮助品牌更有效触达用户内心深处。

在这点上,冈本(日本避孕套品牌)做得很好。与杜蕾斯习惯性大尺度黄段子不同,冈本更愿意用IP赋能,传播情怀和爱,也更愿意贴近用户,唤起用户的共鸣。

这一点从冈本与拳皇97(一款怀旧游戏)的合作就能看出。

"80后"乃至"90后"的少年时代,几乎都有拳皇的陪伴。在2017年拳皇97成立20周年期间,冈本赞助了拳皇97的比赛,借此推出了"薄力觉醒"拳皇97定制套装。这种行为让很多拳皇97的用户深感欣慰,他们忍不住感叹:"谢谢你还记得我们!"

俗话说,好钢要用在刀刃上,冈本将与拳皇97的合作作为2017年"双11"的绝杀武器重磅出击,靠情怀打法轻松秒杀同类竞品的单纯低价促销模式。为了充分赋予IP价值,这款联名安全套将作为拳皇97 20周年纪念款的唯一定制,同时采取全球限量发售模式,购买者还有机会获得价值3500元不知火舞正版手办一个。这种IP赋能带来的热度非常之高,迅速点燃粉丝热情,让冈本借助本次跨界方式提升品牌立体感和纵

深感。

为了让这次IP赋能,体现出IP的巨大价值,冈本还特别邀请知名网络漫画家阿闷为这次合作进行了漫画文本创作,引发了大量的追捧。此外,冈本还借此直播产生线上线下互动,让这次IP赋能更深入人心。

通过这些方式,冈本成功唤起"80后"、"90后"热血青年与冈本品牌形成的情感共鸣,完美实现IP赋能品牌的运作,也为冈本在2017年"双11""薄力觉醒"的营销拉开帷幕。

通过这些方式,我们可以看出,一个IP赋能的仪式感有多么重要。通过线上线下的跨界仪式或者企业自身的品牌线路拓展等,让IP具有更多的意义和价值,让IP为品牌带来更广的市场和用户群。企业在未来想要做大做强必须要注重IP的赋能。

3.6　围绕IP文化建立社群,使IP更稳固

随着移动互联网及社交工具、社交媒体的涌现,用户所需要的产品和服务也变得触手可及。这一现象导致用户更愿意和与自己有相同需求的人进行交流。尽管移动互联网极大地降低了人们的沟通成本,但唯有在社群里才能基于群体共识降低信任成本。

有人问:"为什么社群可以降低信任成本?"因为人们愿意相信那些与自己拥有相同价值观、相同目标、相同特征的人。一群有共同兴趣、认知、价值观的用户更容易抱团,基于这一点,社群还会形成群蜂效应,成员聚集在一起互动的过程中,对产品的品牌本身也会产生反哺的价值关系。

因此,社群是企业品牌与用户沟通最短的路径,成本最低,效率

最高，尤其是围绕IP文化建立的社群，更是有无限的信任可能和商业机会。

管理大师艾·里斯说过一句话："市场营销不是产品之争，而是认知之争。"所以，在过去，品牌认为利用有影响力的传统媒体，大量投放广告，占据用户头脑会形成认知，形成品牌印象。然而，今天这种做法已经过时，或者说已经失效。在信息泛滥、渠道碎片化的背景下，如何才能占领人们的认知空间呢？答案犹如互联网之父斯蒂芬·沃尔夫所表示的那样，"互联网正在把人群切成一小块一小块的社群"，只有建立社群，围绕IP文化聚拢粉丝，才能在新商业时代获得通行证。

■ IP+社群+场景

在社群当道的环境下，企业如何才能围绕IP建设社群呢？（见图3-5）

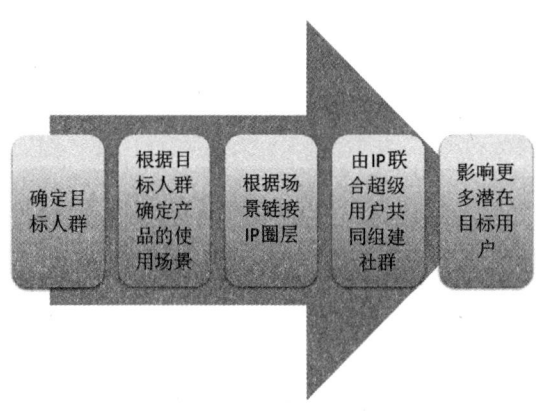

图3-5 围绕IP建设社群的流程

这是一个必胜的商业逻辑，用IP来占领专业认知高地，解决流量来源问题。场景是干什么的？场景用来强化体验，挖掘用户其他的需求，品牌可以根据这一点来提供一站式系统的解决方案，为社群变现创造更多机会。在这个过程中,离不开社群这个催化剂,社群把有共同信任的人们聚集在一起,从而催化企业与用户、用户与用户之间的强关系,解决信任与共识。

因此,这种IP+社群+场景关系链的最大核心就是构建企业与用户的信任共同体关系,通过社群为个体实现自我赋能,最终用户与社群相互赋能,形成良性循环。

例如江小白这个产品。很多人说江小白的销量上升完全是借力文案,酒质并不好。实际上这种意识是有误区的。其实江小白的老板特别重视酒的品质,只是他们不了解江小白的场景。江小白发现了新的场景——"小聚、小饮、小时刻、小心情",所以,江小白提供的是"新生代场景解决方案"。

江小白首先确立自己的目标群体——年轻的职场、奋斗者。然后根据这一群体确立了"新生代场景",根据这个场景建立了大量的江小白社群,包括微博群、微信群、贴吧等。在这个过程中,江小白将自己的白酒打造成了IP形象,这是一种文化形象和有场景的IP内涵。有很多群友在群里说:"传统白酒,海喝;江小白,嗨喝。"

这可能是对江小白的这种IP文化最传神的一种评价。没错,场景不同,文化价值也不同,用户的群体认知和力量也是不同的。

江小白的三款主要产品都是围绕场景来提供解决方案的。比如说,四斤装的"拾人饮",25度,这是一个团建酒。团建就是一个场景。互联网企业包括阿里有一个特点就是"团建必喝酒",喝了酒才能够敞开心扉,才能有情感沟通。而在"团建酒"中,江小白还细分了四个分场景:召唤、齐心、必胜、庆祝时刻等。

这种根据场景的IP文化深入人心,也征服了大量社群成员,赢得了人们的一致认可和忠实拥护,这就是江小白的厉害之处。

■ 有足够的背书在社群强化自己的IP

如何才能依靠社群来强化自己的IP文化呢？事实上很简单，你需要给粉丝带去帮助。例如，他们看了你的微博，觉得很多东西他们不懂，而这正是他们需要的，你可以帮助到他们。这样的社群就会更加稳健，你的IP形象也会更加稳固。

组建社群是强化IP的关键一步。但如果我们跟粉丝之间是平等的关系，或者我们比他们低一等，试问一下，我们说出来的话有没有公信力，有没有说服力？当然没有。这也是很多人做社群失败的原因，因为你没有足够的背书或方法去强化自己的IP，这是很现实的问题。因为，没人会愿意听一个无名小卒的话。

1. 在社群中邀请大咖作为IP强化的背书，让社群成员感受到"明星KOL力量"；

2. 通过社群服务，如帮助粉丝解决难题，给粉丝输出干货等，以强化群主的地位。

只有这样，我们对粉丝是尊重的，粉丝也会对你尊重，甚至敬畏，那么他就会捧你，为你说话，形成一个IP中心，并且围绕这个IP形成完整的社群运用闭环。

3.7 IP创新要持续，维护更不能少

IP现象并非新鲜事儿，早期的米老鼠、哆啦A梦、芭比娃娃……这些早已经成为超级IP，并且拥有强大的品牌号召力和商业价值。

实际上，企业的IP与忠诚的消费者之间是一种鱼水关系，企业因为某些社会群体的消费忠诚粉丝而存在。IP追捧现象在社会群体中也呈现出一种热现象，尤其在"90后"和"00后"群体中，IP更容易获得情感共鸣和群体心理认同。

从某种意义上讲，当企业或者品牌打造出了拥有固定消费群的文化符号或者一个超级形象时，就会成为一个超级IP，不但可以深化品牌，而且可以赋能商业模式的创新，带给企业更多的可能。

但是随着IP现象越来越热，很多企业都在走IP的道路。因此，企业的IP想要走得更远，就必须要不断对其进行创新和优化。

■ 量身定制个性化IP体系

IP不仅仅是一个"超级符号"，IP本身也可以成为特有的内容产品，通过融入场景化的开发应用和内容变现，可以延伸出有鲜明个性的玩具、娱乐品和时尚消费品，因此IP本身存在很大的商业价值。

例如，天猫的"猫晚"（即"天猫双11晚会"）。"猫晚"的出现，虽然始于天猫"双11"，但是随着影响力的提升，开始赋能"双11"商业价值的延伸。"猫晚"已经不再简单是天猫事业相关的内容，而是属于整个阿里数字经济体的超级IP体系。

在"猫晚"的活动中，阿里不仅给品牌客户量身定制了一个"双11"全周期、全链路的完整的解决方案，还得到了"猫晚"节目本身的流量和互动，在晚会预热期及晚会爆发期等重要阶段提供各种曝光、流量和互动的手段，帮助品牌触达更多用户群体。

"猫晚"这个超级IP体系，可以说是天猫IP的一个超级升级，每年会通过"猫晚"提升更大关注度，让每一个观看和参与"双11"的用户在"猫晚"中得到乐趣，还包括参与、互动、购物。

这种做法极为创新地融合了内容体验和消费体验的结合，将新零售体验与"双11"的"猫晚"用户内容消费联系在一起，带给用户"零售+内容"的升级。

因此，企业可以从中汲取到一定的做法（见图3-6）：

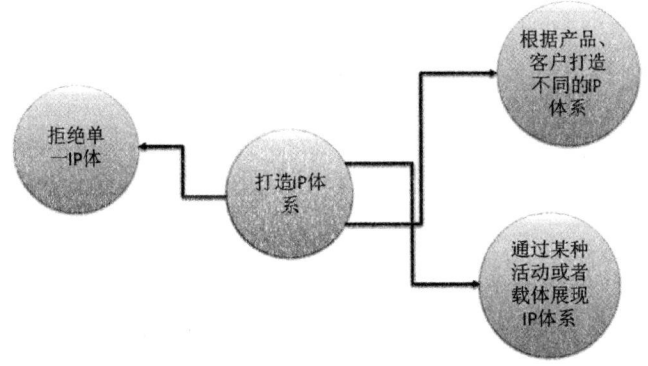

图3-6　打造IP体系的方法

■ 跨界打造更多形态的IP内容

企业的IP建设想要走得更远，必须要在战略布局上更加清晰。

一个有创新且不断发展的IP战略布局应该是这样的：

开始创立一个品牌，接着将一个品牌做成一个IP，当IP足够强大的时候，进行跨界发展，在有足够跨界品类的时候布局更全品类的体验店。当企业拥有更多消费群体的时候，可以构建更加娱乐化的体验，包括动漫电影、主题式旅游等更多娱乐产品。

我们仍以三只松鼠为例，三只松鼠不仅用三个松鼠形象打造了IP，而且打造了基于和坚果、零食高度契合的"三只松鼠"动漫形象，为了创新和优化IP，借助动画、绘本、周边等多元化的品牌塑造方式，丰富了品牌内涵，提高了品牌的知名度。

此外，三只松鼠还通过开设线下体验店，为消费者营造了与品牌形象高度相关的休闲娱乐氛围，进行品牌文化的展现，提升消费者对"三只松鼠"品牌的感知度。

三只松鼠不满足于此，还打造了一个独特的松鼠世界。例如，三只松鼠的动画片，第一季在全网播出点击量超过5亿。此外，三只松鼠还计划跨界联合打造主题乐园等超级IP内容。

所以，企业想要让IP持续更久的热度，就要不断地优化IP乃至整个IP体系。不仅要打造IP形象和赋予其人格化，还应该持续创新更多的IP产品和生态链接，如打造IP文化、IP影视、IP动漫视频、IP旅游等一系列IP主题的产品线。但是无论企业如何做，都不能脱离IP的主体，即企业核心的文化价值观，只有这样才能让IP这个超级体更加强大。

第四章
平台：连接多边使用群体，保持供需两端黏性

用户因各种因素而自动地分为了多个类别的群体，每个群体的所需都有所相同，也都有所不同。已知没有一款产品能够满足所有类型的用户，那么可不可以有另一种方式让产品能够适应更多的用户？有，就是平台。将不同类型的产品放置于平台之上，然后整体去与用户接触，用户可以在平台上各取所需，这样就能连接更多的用户。

4.1 未来最大的机会在于平台型企业

近些年,平台这个词火了,商业人士们开口必谈平台思维。这不是商业炒作的结果,而是商业发展的大势所趋。所有的商界大佬和创业小弟,都有一个"平台梦",希望自己的企业能尽快成为平台型公司,能在商业竞逐中掌握胜利的主动权。

现在,先来了解什么是平台型企业?所谓平台型企业,是连接供给与需求双方的中间公司,其中供给方和需求方都是B端企业,而不是终端消费者,平台企业通过提供能够改变供需双方在市场交易中的交易成本获得竞争优势。因此,就目前来看,平台型企业是唯一能够维持自己的边界独立发展的模式,也是被认为最有望孵化"独角兽"企业的领域。

现实中,无论是从资本到实体,还是从行业龙头到新兴企业,建设平台生态圈的尝试开始变得越来越多。

本节中我们从平台企业对比传统企业的优势出发,分析其独有的特征,看看平台型企业为什么会拥有未来最大的机会。

■ 平台型企业对于传统企业的优势

之所以平台型企业备受推崇,是因为最大的价值源于打破传统商业模式的增长陷阱。

1. 打破产能过剩,导致卖方市场弱化的陷阱。想要实现企业增值，就要从产能上入手，就会导致因为产能过剩而过度消费卖方市场。平台型企业的供给不再只源于自身，而是整个平台，各自施展强势方面的供给，协同合作，就会避免单个企业的产能过剩。

2. 打破企业互相挤压而非共赢，价值空间持续缩水的陷阱。各自为战的结果必定是相互倾轧、互相排挤的，所以我们看到了价格战和兼并战。但在平台上合为一体后，互攻变成了共赢，企业的价值空间因此得以增长。

3. 打破盈利来源产品、服务的收入与成本价差，盈利空间存在上限的陷阱。曾经的盈利模式是单一的收入与成本间的价格差，如今成本在平台中得到了极大幅度的压缩，而收入则是不设上限的，由企业的运营模式来决定。

总之，平台企业的优势就是有效聚拢大量利益相关方，用无限的生产与合作满足无限的需求。这样不仅可以大幅度降低成本，实现收入的无限增长；还可以使利润不再依赖下游用户，而呈现多元特性，盈利空间因此得以放大。

■ 平台企业具有的三大特性

第一，拉动双边与多边市场，注重网络效应。

工业时代，企业以线性模式经营"生产产品→建立渠道→定价售出"。到了互联网时代，通过网络效应，连接起一个个供给端，然后对接需求端。区别于传统商业模式，平台型企业更强调需求端而非供给端，以拉动需求端为主要运营手段（见图4-1）。

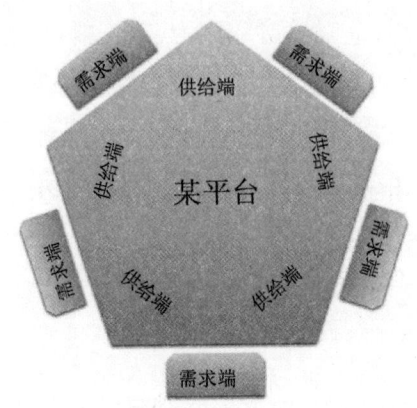

图4-1 平台型企业的交易模型以拉动双边为主

第二,平台型企业的幂律型分布。

通过用户与平台型企业的互动可以看出,用户常关注的平台企业其实很少,也就是说被关注的平台型企业的数量与用户使用的优先度呈现反比关系(数学理论叫"常数次幂的反比关系")。简单来说,幂律更像是"长尾"理论,只有少数大的平台企业是很多人关注的,但是延伸出一条长长的尾巴,就是小公司。

以B2B平台型企业为例,往往强调供需双方足够分散,只有这样才能形成长尾效应。平台型企业的价值首先是撮合供需双方;其次是为撮合供需双方创造更便利的交易环境,降低交易成本,为供给方引入更多工具和合作伙伴。

第三,非对称式增长。

传统企业最为讲究的就是对称式增长,即有多少消费量,生产多少产品,以最大限度降低产能过剩给企业带来的危机。

但平台型企业却正好相反,走的就是非对称增长的道路。因为只有前期的疯狂增长之后,才会带来轰动性的网络效应,才能吸引用户眼球,达到真正拉动需求端增长的目的。比如,前些年打车软件的明争,后几年共享单车的暗斗,都是企业希望极力扩大单边供给而造成的。可见，平台型企业最后一定是赢者通吃。

4.2 根据企业所站梯队做平台

企业分属于不同的行业，也具有只属于自己的独特类别和特性，因此，在转型成为平台型企业的道路上，必须要先认清企业所属的梯队，并根据自己的梯队来选择所要进入的平台。

但在选择成为平台企业之前，先来看看具备什么条件的企业才适合平台化转型，换句话说，有资格进行平台化转型。

为什么要提出这种条件限制？虽然"转型"是很多企业的出路，平台化的方式也以其新颖的理念、服务型的组织、灵活的机制获得了大量的关注，然而并不是所有的企业都适合做平台化转型，想要攀登更高处，首先要具备强健的筋骨，否则无法禁住高处的疾风劲雨。

具体可以通过"ECIRM模型"来鉴别企业是否处于可转型期（见图4-2）。

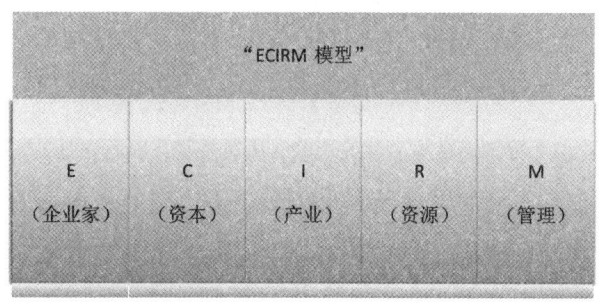

图4-2 "ECIRM模型"

下面逐一进行分析：

作为企业的管理者、领路人，要具备分享、共赢的价值观，有成人达己的思想境界。之所以首先强调企业管理者的价值理念，是因为在企业平台化转型初期，为了聚拢内外部人才或上下游合作商，需要付出一定的资源、时间、精力和资金成本，而短期内因为转型尚未成功，对原有的利润可能会产生影响，这是需要足够的心理沉淀才能平稳度过的阶段。只有度过转型的瓶颈期，才能迎来迅速占据行业位势的局面，企业的影响力得以提高，从而实现长期目标。

企业平台化转型往往需要一定的资本实力，可以起到两方面的作用：一方面可以在转型前期迅速整合资源，拓展企业可延伸的边界，打造出影响力；另一方面这些原始的积累可以帮助企业耐住短时间内无法盈利或者大幅度盈利的"寂寞"。总体而言，上市公司比非上市公司、资本实力雄厚的企业比资本实力较弱的企业，更容易进行平台化改造。

只有企业所处的产业具备行业空间大、成长性良好、集中度不高、格局小散乱弱等特点，才适合进行平台化改造（见图4-3）。

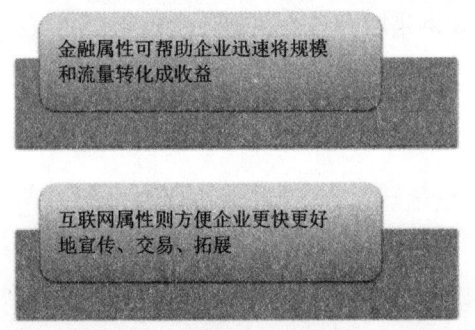

图4-3　更加适合平台化改造的金属属性和互联网属性的企业

企业内部具备核心竞争力，可以提供有价值的资源输出，如品牌、市场信息、技术、资本、无形资产等。同时，企业要在市场上具备一定的外部资源和渠道关系的储备，这些都将有利于转型前期的迅速冲量。

适合向平台转型的企业一定不是管理僵硬、科层明显的企业，而应是规范且灵活、扁平且高效的。这样有利于责、权、利的匹配与下放，也可以充分激发平台业务单元的自主动力和活力。

现在，我们已经了解了什么样的企业具备平台化转型。如果你的企业不具备转型所需的条件，需要紧急行动起来，将企业早日拉上可以转型的轨道。如果你的企业具备了可以转型的条件，那就要看看企业所处的梯队了，并以此开启正确的平台化转型。

■ 首先，第一梯队企业

第一梯队，顾名思义就是第一批完成上市和全国化扩张的企业，看起来已经拉开了和后进者的差距，非常具有竞争优势。但现实是，正受到来自门口"野蛮人"——掌握了破坏性创新的新兴力量的强力冲击，顶级人才不断流失，产品竞争优势不断下降，行业空间不断缩小。

迅速转型已经是当务之急，但各行业门槛却在不断提高，进入成本也越来越高。于是许多第一梯队里的大型企业，希望沿产业链进行相关多元化发展、行业内的并购整合，以此来实现规模增长。但实际上，这仍然是传统模式的增长或资产整合，不仅要付出高昂的成本代价，还将面临并购、扩张后超出能力范围运营所导致的风险。

比如，大型的传统家电企业曾一度采用重金进行内部孵化或收购线上平台或整合其他企业的多种方式进行转型，但实际效果并不好。孵化整合后的人才流失率仍在上升，而资产回报率仍然在继续下降，给企业造成了巨大的风险。

其实，作为实力仍然雄厚的第一梯队的企业，必须要根据自身的优势来确定转型的方向，如产品标准化、创新能力、供应链管理、品牌影响力等，化作竞争资源，并将这些资源在平台上进行开放，与外界的资源进行互换、合作。

下面，我们将大企业分为上市公司和非上市公司两部分进行阐述：

对于上市公司，可以利用产融互动（产业发展曲线与市值增长曲线，两条曲线互动的过程）思维，依靠轻资产（企业紧抓核心业务，将非核心业务外包出去）拉动重资产，然后由虚做实。

对于非上市公司，可以通过建立平台，沿着企业的价值链进行商业模式的横向延展，将原本同处于一个产业链却相互独立的企业纳入平台范围内，化外部交易成本为内部交易成本，重新塑造整条价值链的核心竞争力，最终形成以整体优势对阵其他单一竞争对手的不对称竞争形势。

■ 其次，第二梯队企业

该梯队里的企业不具有很高的影响力，也不具有很大的市场优势，但在一定区域范围内具有影响力，在某个细分市场内具有一定优势。

比如路迈轮胎，是泰凯英轮胎旗下的轿车轮胎品牌。相对于米其林、马牌、邓普禄、普利司通等进口品牌，和正新、韩泰、三角、朝阳等知名品牌，路迈轮胎没有什么竞争优势，既不做广告，也不打造名人效应，但只要使用过路迈轮胎的人都觉得不错，是典型的"自带惊喜"的小众轮胎品牌。

泰凯英就是第二梯队的企业，在整个行业内影响力不高，也没有市场优势，但在已经使用过的用户心中却有相当的影响力。

但是不可否认，第二梯队的企业会受到第一梯队和第三梯队的双面夹击，其在成本上无法与第三梯队（散、小、乱、弱）的企业竞争，在质量优势、品牌传播度、产品服务性价比上无法与第一梯队的企业竞争，这就导致在市场供过于求的背景下，收入及利润双下降的局面，人才流失也会加快。

更为致命的现象是，下游客户的标准在不断提升，低品质的产品将被逐渐淘汰，第二梯队的企业只能向第一梯队靠拢，而不能向下发展。可是，企业实力不够雄厚，缺乏相应的增量资源用于激励员工、投入研发，使得企业的战略模式难以清晰展现，经营陷入死局是很多第二梯队企业死亡的常见原因。

在夹缝中求生存，就要找到夹缝中的优势，相对于第一梯队的企业，第二梯队的企业具有盘子小、灵活性高的优势，而相对于第三梯队的企业，第二梯队的企业又具有一定的优势资源（如管理相对规范、品牌具有区域性影响力、融资能力优异），将这些优势提炼出来，作为发展小平台的核心价值，并向纵向拓展，采取"农村包围城市"的方式整合散落在各处的"游击队"，逐渐形成"正规军"的规模，以此扩大企业的经营体量，实现对行业的话语权，最终实现"先规模→后利润→再升级"，靠向第一梯队。

■ 最后，第三梯队企业

第三梯队的企业与第一、第二梯队的企业有很大不同。它呈现的状态为散、小、乱、弱，属于典型的依赖商务能力、非规范化运营竞争的小型企业。第三梯队企业用于市场竞争的筹码很简单，就是借助规模小、成本低、运作灵活等优势捕获消费者。之所以用捕获，是这个级别的企业很难有固定的用户群体，更难与用户建立长久的信任关系。而且，随着消费者鉴别能力的不断增强和对产品需求的不断提高，第三梯队企业的产品销售将更加困难。更为致命的是，因为技术能力弱、品牌效应弱、资金供给力弱、后期维护能力弱等问题，也使得低成本的风险被不断释放。

作为第三梯队的企业，注定将成为第一、第二梯队企业进行平台化战略整合的重点对象。第三梯队企业应兑现资源，争取第一、二梯队的资源整合，放弃幻想，更放弃弯道超车的幻想，"傍大款走正道"才是解决问题的唯一途径。

4.3 定义多边使用群体，设定付费与被补贴方

本节，我们先来看看平台型企业制胜的关键，可以从三个方面进行阐述：

第一，寻找企业转型成为平台企业的起点。找到两个及以上参与方能彼此满足需求的连接点，共同提供给需求方巨大的黏性服务，以此来获取海量种子用户，然后再收割大批量的稳定用户。

第二，明确平台企业的发展关键点。各个参与方找到属于自己的从1到N的持续性拓展的关键点，并且这些关键点与其他参与方不仅没有冲突，还可以利用交叉补贴来实现共同价值，背后是两种补贴形式：付费产品补贴免费产品，或是用未来付费补贴现在免费。

第三，精确架构平台企业的运营方式：不断给参与方创造价值使之能与平台共同成长的良性循环系统、保证平台自身能持续运营的合理收费机制，这两个条件是判断平台企业能否发展壮大的前提。

通过上述三点可以得出两个结论：一是平台企业需要定义双边或多边使用群体。事实上，无论多么复杂的市场环境，无论该企业拥有多少边群体，都是以基本的双边模式搭建而成的。这里的双边，是指平台企业需要找到连接供给和需求双方间的契机，并引发积压已久的网络效应。

以三边模式为例，以图示的形式进行展示（见图4-4、图4-5）。

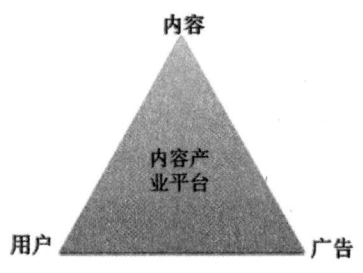
图4-4 内容产业平台

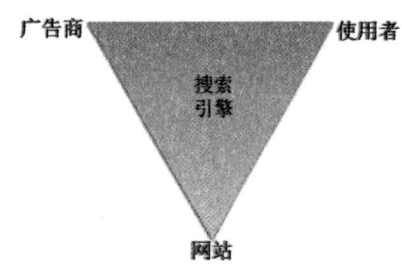
图4-5 搜索引擎平台

比如开心网,作为一个内容产业型平台,依靠内容吸引越来越多的用户加入开心网分享人生点滴,用户的亲朋好友也会被吸引加入,成为新的用户。到此它做到了双边效应。开心网的用户群体为网站吸引到大量广告商,网站得到收入后可以进一步增强内容的强度。到此它做到了三边效应。开心网进一步开放其平台,允许第三方应用程序的开发商入驻,提供各种功能实用的软件,用户被这些功能吸引,会增大用户黏性。到此它做到了多边效应(见图4-6)。

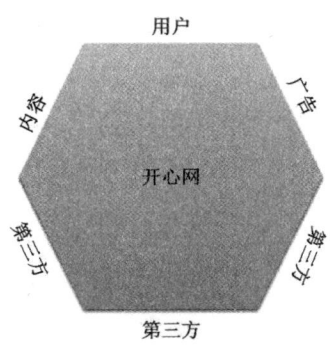
图4-6 开心网的多边效应

所以,建立足以激发双边效应与多边效应的功能机制,将对平台性企业的成败产生决定性影响。

除了定义多边使用群体外,平台性企业还应该设定"付费方"与"被补贴方"。

付费可以理解,任何产品都需要用户的付费才能支撑。但补贴应该怎样理解呢？补贴就是企业对某一类群体提供免费或普遍低于市场价格的服务，以此来吸引该类群体成员入驻自己的平台，目的是吸引另一类有能力支付的群体更多地加入，以产生更多的使用费用。通常，游戏类平台企业选择补贴的方式比较多，允许免费用户长期入驻，在增加用户总量的同时，得到付费用户的长期支持。

企业如何选择付费方与被补贴方，往往出于一种战略性考虑，也是影响平台获利与成长的关键要素。

在确定平台上的群体哪些是补贴方，哪些是付费方时，有一套原则，见表4-1。

表4-1　补贴模式五原则

原则	被补贴方	付费方	说明
价格弹性反应	高	低	对价格敏感的一方适合作为被补贴方，对价格不敏感的群体适合作为付费方
成长时的边际成本	低	高	若某一类群体数量增长后，服务于这部分群体的边际成本在减小，这部分群体适合作为被补贴方，反之，则应该作为付费方
同边网络效应	正向	负向	若某一类群体拥有正向的同边网络效应，应该成为被补贴方，体现网络效应的增值性
多地栖息的可能性	高	低	若某一类群体多地栖息的可能性高，平台转移的成本低，这一类群体适合作为被补贴方。反之，平台转移成本高，则适合于付费方。比如，淘宝中的商户因为累积了信用，难以随意离开
现金流汇集的方便度	困难	容易	以百度为例，若向所有用户收费，很不方便，因此，搜索信息的群体不适合作为付费方，只能集中收广告商的钱

这些情况仍不能完全解决收费中的所有情况，当平台企业发现双边的大部分使用者都不愿意付费时，就不能简单地将一边视为付费方，将另一边视为被补贴方，而是应该在两部分群体中找出有支付意愿的使用者作为付费方，其余的作为被补贴方。比如，世纪佳缘网站将男女双方

用户中，愿意购买增值服务获得更多交友机会的用户定义为付费方。

4.4 利用"网络效应"实现平台合理化搭建

上一节，我们讨论了多边使用群体，以及付费方和补贴方。很多时候，付费方与补贴方的选择并不完全取决于用户自身，有时候是企业的一种刻意的选择，这也是设定补贴模式的目的。就是企业要在不同的市场群体之间形成一种刻意的不平衡，像倾斜的跷跷板一样引发第一股推动力，进而激发网络效应。

如何设计适合企业的产业与服务群体的整套机制，这其中的成败关键便是如何运用网络效应。

平台的网络效应是指通过同类用户或不同类用户之间的关系网的建立，来使得这一关系网络的价值暴增的一种互联网效应。

我们以微信为例。如果全世界只有你一个人使用微信，你没办法跟任何人产生联系，发布的朋友圈也没有任何人会看到，如此微信对于你来说没有任何价值。这种情况在马化腾成为QQ第一号会员时，曾短暂地"享受"过独在高处的感觉。

随着了解和使用微信的人越来越多，你可以跟更多的人产生联系。如果转换成之前电话沟通所要付出的代价进行评估，你能够把之前用来给每个有关联的人打电话、发短信所耽误的整片时间节省下来（还可以节省发短信产生的经济费用），变成在碎片时间内进行联系，对方也可以这样操作，这就等于进行了价值的转换（即传统通信工具的价值转换成微信的通信价值），这种价值的增值是随着微信用户的爆炸式（指数式）增长而同步呈现的爆炸式（指数式）增长。

网络效应也有分类，主要取决于连接到这个平台的用户类型的数量，分为单边网络效应、双边网络效应和多边网络效应。

企业在转型为平台时，根据自身特点，可以从上述类型中做出倾向性选择，使企业少走弯路。其实，单边和多边最大的区别在于对用户身份的考量和场景差异的考量。单边网络效应只需考虑一类用户的使用需求和使用场景的构建；而双边和多边网络效应考虑的因素会有质的变化，因为平台上各类型用户之间有了各种关联，企业需要考虑每一边用户的使用需求和使用场景，还需要考虑不同边用户之间的沟通与协作的需求和场景，难度将随着用户类型的增加而增加。

下面，我们对于不同类型的网络效应进行具体分析，让企业能够更加正确地选择平台的搭建模式：

■ 单边网络效应——单一类用户的互动

用户只有一方，目标用户的使用需求和使用场景没有实际差别，产品运营的主要核心就是让用户之间相互吸引。

最典型的例子是QQ。如QQ空间里的日记、QQ相册、QQ牧场、QQ农场等。其实，作为一款社交工具，QQ好像除了聊天方面的功能，不需要其他这些工具和游戏（个人单机游戏）。的确，这些看起来有些原始的工具和游戏好像不能激起用户的兴趣，但如果从这些工具和游戏带给QQ用户的网络（协同）效应的激发作用来看，又有着很大的作用，丰富了用户之间相互沟通和相互吸引的方式和手段。这一点从曾经异常火爆的空间转发、抢车位的情境中得以体现（见图4-7）。

第四章 平台：连接多边使用群体，保持供需两端黏性

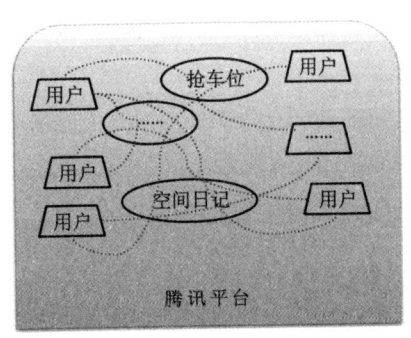

图4-7 单边网络效应的体现（以QQ为例）

作为企业，不要认为自己的用户是单一的，就放弃成为平台的机会，单一类别的用户也可以在企业搭建的平台上互动起来，当互动多了，平台的功能性自然会随之强大起来，也才有机会做成两边和多边。

■ 双边网络效应——绝对保证双边权益

相对于单边网络效应，双边网络效应就是有了两类不同的用户群体。就像几年前的淘宝网，绝对的平台型企业。

淘宝是国内发展最早的C2C平台之一，在平台的两边包含两类用户群体——买家和卖家。企业除了要考虑买家和卖家的个人买卖需求，还要考虑二者之间的关联沟通需求，平台不应该成为"中间调停人"，而是"场地提供者"和"规则掌控者"，为买卖双方提供合理、通畅的交易机制和交易规则（见图4-8）。

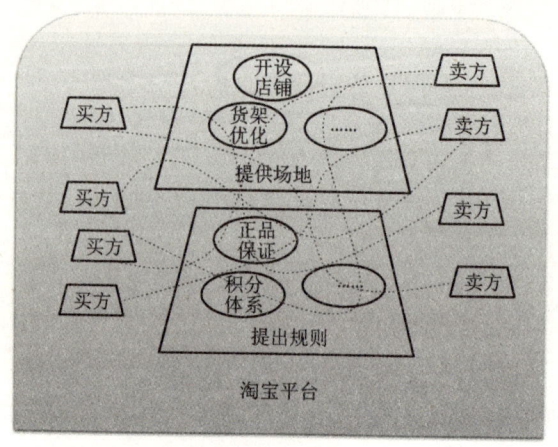

图4-8 双边网络效应的体现（以淘宝为例）

比如保障买家权益的7天无理由退货、15天换货、正品保证等；为卖家提供营销效率的货架优化、搜索优化、广告推荐、数据分析等；还有让双方交易更加放心的用户等级、店铺等级、积分体系、信誉体系等；还有一些保证双方沟通顺畅的阿里旺旺、微淘、问答等工具。总之，所有的机制、工具和功能，都是为了维护买卖双方的无障碍交易活动。

如果企业的用户处于截然不同的两个阵容中，就要考虑搭建双边网络效应的平台，但平台一定要确保双边用户的利益，这是平台必须要承担的责任。

■ 三边或多边网络效应——全面关注，共同成长

当原本的平台上是双边型用户，随着平台功能的逐渐扩充和完善，用户的类型增加到了三种及以上时，就会自动形成三边或多边网络效应，此时企业应该将关注力同时投身于各个边上，甚至对于新兴的边给予多一些的关注，以保证这些新的用户类型的健康成长，给原先的双边

提供更多更好的服务。

淘宝发展至今，早已不是当年只做C2C生意的单一类企业了。淘宝平台上如今存在着很多隐性的用户群体，这些用户群体通常不直接同买家发生联系，所以难以被买家发现，但却在买家与卖家间起着非常重要的连接作用。比如淘宝运营商和菜鸟物流，在借助平台的力量打造自己的同时，回馈于平台上的其他类型用户，最终的目的是与平台实现共同成长。

4.5 确定平台的开放程度

问：平台的作用是什么？

答：提供相互的连接互动。

问：这样做的意义是什么？

答：让平台更具活力。

问：如何能保证做好？

答：开放，平台的开放程度。

该问答很简练，但却道出了企业想要做好平台的一个关键因素——开放程度。如果将"平台"放入建筑领域里去解释，就是没有阻挡边缘的场地性建筑，只要符合条件或者有所需要，都可以进入。对于商业中的平台思维，大体也是如此，是有机会、有能力的企业搭建起一个宽阔的平台，让其他没机会、没能力的企业能够进来，大家在平台中各取所需，实现共同的进步与成长。因此，平台是需要开放的，而且开放的程度要高，要尽可能地容纳更多参与方的加入，以扩大平台的影响力。

■ 将独享平台对外开放

很多大型企业在寻找适应自身的平台转型之时，似乎根本没注意过，企业内部早已形成了一套成熟的平台机制，只因为是由企业独享的，所以从来没有把这种平台当作真正可以开放运作的平台。

比如，传统的车企行业，从设计到制造，除了某些零部件进行代工之外，软件部分均由自己研发，这就造成了部分功能滞后，不符合用户需求的状态。有没有这种可能，既然硬性的零部件可以寻找代工，软件类的甚至核心类的部件是否也可以寻找代工呢？然后组装汽车就如同组装电脑。

答案是肯定的，因为国内已经有车企迈出了这一步，这就是号称车企改革龙头的比亚迪，而领路人自然是王传福。

2018年年初，王传福向媒体透露，比亚迪要吸取诺基亚的教训，要改变车企难以开放的经营策略，对外开放自己的智能开发平台。

这意味着什么？意味着未来的汽车市场终将走向开放，不论是整车制造，还是配件集成。比亚迪在其中只充当监督者的角色，软件系统则完全由第三方公司提供，比如英特尔及AMD等提供硬件，微软提供软件，各方共同完成一个完整的汽车计算机系统。

此外，王传福还表示，在制定出标准的平台协议的前提下，全球的开发者们都可以参与进来，根据自己掌握的信息，设计用户所需的各种特色化软件。比如，比亚迪掌握一款车型各种配置的控制权，空调、天窗等都交由外方开发的系统进行操控。

总而言之，如果企业原本具备独享的平台，那就将废黜独享，变为共享。也就是说，企业要将最大的优势提取出来，放在外面，请大家进来，重新形成一个开放的、互惠的、包容的平台环境。

■ 将企业平台与外界平台对接,实现"利他"

早在2014年,中国互联网巨头的二马(马云、马化腾)就用更朴素的概念描述了自己理想中的平台化理论。马云提出"利他"主义,马化腾提出"连接器"理论。

什么是"利他"?马云的解释是:"相信只有别人成功,你才能成功。"

什么是"连接器"?马化腾的解释是:"软件与硬件,现实与虚拟,线上与线下,传统与新兴,时间与空间,地方与全球,都用互联网连接起来,创造一个前所未有的大连接世界。连接器更像是一种组织、协同、开放的社会功能。"

平台不是实体性的存在,只是一种媒介,在空间中连接着多方群体。按照开放的网络环境提供的信息及沟通的便利性,全面打碎既有的产业链,重组企业的商业模式,重构企业的生产、管理、营销等主要环节,激励各方的多边互动和自由协作。而且,平台具有网络外部效应,即对整个社会具有正向的影响。

因此,无论是"利他",还是"连接器",都强调开放,形成全面分享、协作的生态性产业链。当每个产业环节都能开放,行动协作,利益分享,就是平台与平台间的对接,是具有良好社会生态的全网络性经济。

4.6 决定平台关键盈利模式

平台型公司通常被认为是最性感的,正如MIT(麻省理工学院)教授马歇尔·范·阿尔斯汀所讲的"平台型公司总是打败产品型公司"。当然，平台型公司也需要找到用户的需求，并以此找到最佳的盈利模式。只有有了长足的盈利做保障，平台的建设才算成功。

平台企业应根据市场实际状况做出战略性调整，让收费更加合情合理，以实现企业的增值性盈利。比如前程无忧，本来面向企业收费，补贴应聘者，向应聘者提供免费的服务。之后由于战略变动，开始向求职者提供增值服务，把原有的一部分被补贴方（应聘者）变成了付费方。

而且，平台的盈利通常以规模大小而定，但单纯地仅凭规模吸引广告商入驻的时代已经过去了，因为如今的广告商看中的不再是盲目的曝光，而是精准的投递。这就需要平台对用户的数据进行收集、分析，协助广告商进行具有针对性的分析和营销。比如，Groupon网站对首页产品的选择、包装、市场分析及营销策略的制定，就是精准投递的模式。

由此可见，平台企业的盈利模式需要满足两项准则，见图4-9、图4-10。

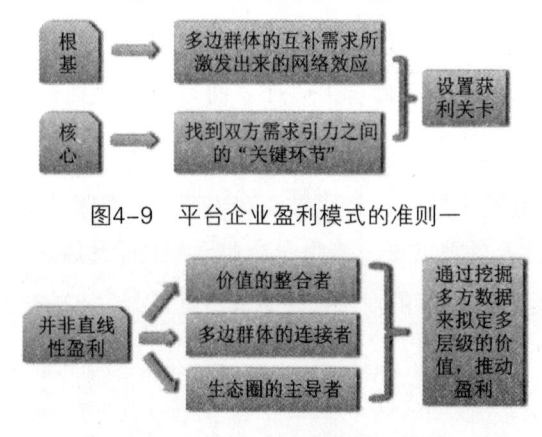

图4-9 平台企业盈利模式的准则一

图4-10 平台企业盈利模式的准则二

■ 打造拥有足够多参与者的平台盈利模式

平台业务的参与者越多，平台的价值就越高。比如，使用搜索引擎的人越多，百度就越有价值；参与网上销售和购物的人越多，阿里巴巴就越有价值；使用微信的人越多，腾讯就越有价值。

在拥有足够多的参与者这一方面，苹果公司一直走在前面。苹果构建起了一个以用户为中心，移动的、互联的生活方式的平台。

首先，研发出的软硬件一体化的终端设备，围绕用户的生活方式，各产品之间有强烈的互补性，比如iPhone、iPad、iPod、iMac等；其次，用iCloud把这些终端产品全部串联起来，使得终端和终端设备之间能非常方便地进行信息共享；最后，再应用软件平台，将云端的内容整合起来。

经过这一系列基于产品的操作，使得苹果公司的产品对用户的黏性很大，产生了数量众多的铁粉，这些人长期活跃于苹果搭建的平台上，为企业的盈利贡献力量。

■ 打造以用户为中心的平台盈利模式

从进入互联网时代开始，有长久战略考量的企业就倾向于构建平台。平台的战略核心，就是以客户价值为核心，构建关联多方业务主体的生态经营系统，而在平台上，业务单元之间会产生协同效应，并且每个业务单元都会获得自己的价值增值。

曾经的海尔只是一个不断制造产品，然后交由各地分销商销售的传统家电生产企业。但在2014年，张瑞敏在描述海尔商业模式变革的目标中，首先提到了平台化，提出"只有将海尔变成一个平台化企业"，才能够摆脱"小变大、没活力"的危机,也才能避免最终被淘汰的结局。

从当年起,海尔推行"以用户为中心"的平台化改造,通过组合"小微"创业团队,以及整合线上、线下资源,建立属于自己的平台,在平台上联动研发、设计、生产、销售及售后为一体的互动生态系统,促使海尔完成转型,由传统的家电生产销售企业变为机动、灵活的互联网平台企业(见图4-11、图4-12)。

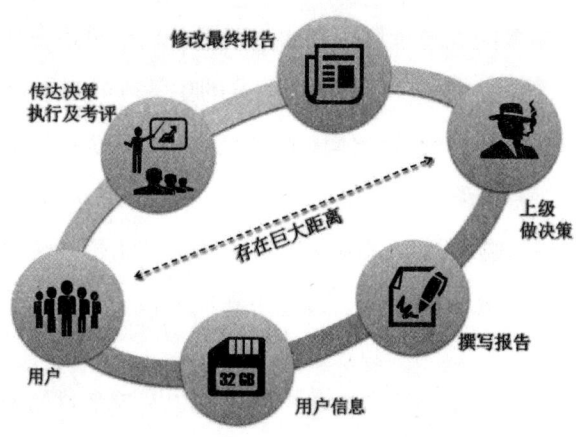

图4-11 海尔传统组织的"以用户为中心"

该图反映出两点:第一,员工以用户需求为中心的驱动较弱;第二,企业和用户之间距离较大。

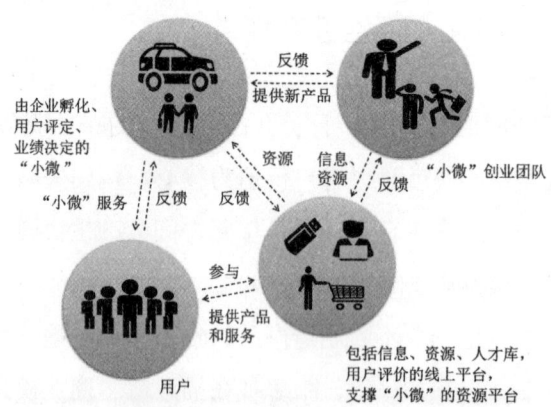

图4-12 海尔平台化组织下的"以用户为中心"

该图反映出两点：第一，"小微"以用户需求为中心的驱动较强；第二，企业和用户之间实现了无缝衔接。

通过图4-11和图4-12的展现，能够看出"以用户为中心"表现出来的不同效果。在进行平台化改造后，海尔将原有的标准化、流程化生产，分解到各个细分市场，孵化出许多可以灵活发展的"小微"企业，发挥了员工的工作积极性，也整合了外部客户与内部员工，形成了一套灵活的工作组织。这样带来的直接结果是，形成了快速、灵活的企业管理和运营机制，实现了与用户的零距离接触，更好地生产出适销对路的产品。

■ 打造规模化的强势平台盈利模式

对于企业而言，平台上出现规模收益递增的现象非常正常，引出了强者恒强、强者掌控全局、强者通吃的局面，而弱者只能吃到残羹。

因此，在全球最大的100家企业中，有60家企业收入的大部分来自平台战略，包括苹果、谷歌、微软、思科、时代华纳、沃达丰等著名企业。在中国，也出现了一大批通过平台商业模式获利并持续扩大市场版图的企业，如淘宝、百度、腾讯、盛大游戏等。

比如百度，十多年前还仅仅是以搜索为主营业务的普通网站，但如今的百度已经发展成集搜索、推广、导航、社区、游戏、娱乐、广告、云计算等业务模式于一体的综合生态互联网平台。

可见，平台战略使很多企业在行业中渐渐做到了霸主地位。在开放、共享、共赢的经济发展趋势下，平台战略越来越成为企业发展的核心战略。

4.7 平台从建立到进阶的全过程

任何事物从建立到发展再到扩展,都会经历一个过程。平台也是如此,会经历搭建—起飞—进阶—展开,共四个阶段。

这四个阶段走下来大概需要多长时间,没有明确的时间限制,有的企业可能几年就布局完成,有的企业可能很多年也做不起来。而且,在这四个阶段中,哪个阶段所需的时间长,耗费的企业资源多,也不是固定的,各行业有各行业不同的前景。

但是,不管怎么样,企业做平台化就一定会经历这四个阶段,下面我们将每个阶段进行详细剖析,以完整再现一个平台从建立到实现的过程。

■ 第一阶段——平台搭建:先构建单边需求端

所有搭建平台的企业都需要知道这样一个道理:所有市场参与者来平台都有一个目的,就是为了满足自己的需求。这种需求就可以汇聚成一个单边的需求端,有了单边的需求端,平台的搭建就容易了很多。

以阿里巴巴公司的淘宝网为例。2003年到2004年,国内电商第一大玩家是易趣,占据市场份额近90%。为了绞杀俨然成崛起之势的淘宝,维持垄断地位,易趣联合了当时国内三大门户网站——新浪、网易、搜狐(这三家掌控着大量用户资源),并签署了长期的独家协议。为了争取到三家合作,易趣付出了至少比正常价格高50%的代价。

对于淘宝来说,易趣如此大张旗鼓的行动,无异于要将它们推入绝境，然后自生自灭，当时还弱小的淘宝怎样突围的呢？马云与其团队采用了四个策略：

1. 于缝隙处进行大量广告投放。大平台进不去，那就去小平台投放，淘宝如同刷小广告一样，将文字链、图片链广泛地投放到论坛、个人站、垃圾站等，投入相当大。

2. 对卖家免费刊例。在与易趣的战争之初，市场普遍看衰淘宝，因为优质卖家全在易趣手上。而且像易趣这种已经做到网络效应和买家卖家高集中度的大型平台，基本没有被打败的可能，易趣的营收大部分来自卖家交纳的刊例（登录平台的费用）。收费模式是当时被高度认可的，可以从源头排除劣质卖家，净化交易环境。但马云不这样认为，他觉得卖家能否得到市场的认可，关键在于买家，经过慎重考虑，淘宝决定全面对卖家免费，入驻"零门槛"。虽然一开始只是吸引到了一些易趣的尾部卖家，但卖家多了，买家自然也就多了起来，形成了良性循环，越来越多的易趣头部卖家注意到了淘宝的商机，开始进驻，至此淘宝杀出了一片属于自己的天地。当然，这种"零门槛"一定会混杂进虚假商家，一度令淘宝很痛苦，但经过市场的分批荡涤，最终不法商家几乎都被清理出局了。

3. 为卖家和买家建立直接交流机会。作为"舶来品"，易趣是严谨货比三家的，但这恰恰是中国人消费的习惯，为了迎合消费者，淘宝开发了"旺旺"，让买家可以同卖家直接联系，在上面咨询商品，也可以讨价还价。这样一来，买家的需求被淘宝充分地激发了，买家更加愿意光顾，又直接促进卖家的入驻率。

4. 深挖地缘优势。杭州周边地区是中国著名的小商品集散地，而淘宝兴起之时针对的卖家几乎都是小商品，因此这种和买家距离近的优势是淘宝一定要利用的。淘宝除了线上投入，还在线下大量地推，让未触达的线下商家搬到线上来。

正是这几种策略，让淘宝从最初只有2%~3%的市场份额的泥泞中爬了出来，渐渐有了与易趣抗衡的资本，并最终成功击退易趣，守住了"中国的电商中国人才合适干"的理论。

淘宝与易趣就是中国互联网历史上典型的平台与平台之争，这也侧面说明平台是非常感性的商业模式，虽然起步阶段非常困难，但只要企业开始掌握并满足了单边需求，平台就有了生命力和话语权，此时对手想打败你就很难了，除非犯了巨大的战略错误。

■ 第二阶段——平台起飞：非对称式增长，网络效应

传统营销都是"对称式增长"，就是产品生产与拉动消费者同步进行，因为产品需要被消费者认可才有价值，而消费者需要产品来解决自己的需求（见图4-13）。这是双赢的局面，但发展速度也相对较慢，只会形成产品与消费者的线性联系，难以形成网际化效应。

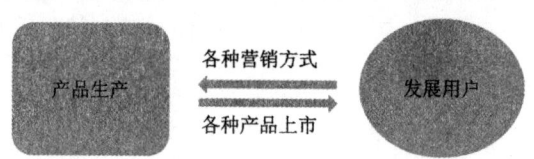

图4-13 "对称式增长"

而"非对称式增长"是产品与用户的两端，暂时性放弃一端，交给市场进行选择。通常企业会选择做好产品，并将产品大量投放市场，通过用户间的口碑效应，形成新型的网络化传播。

我们以近几年发展势头很猛的共享单车领域为例，其中选出领军企业——摩拜单车和ofo进行案例分析。

摩拜犹如是共享单车领域的贵族，因为它的单车尽显"高大上"风采，车是无桩的（使用更加方便），轮胎是实心的（使用更加放心），车条幅是塑料的（使用更加轻便），整体的摩拜单车看起来很漂亮，非

常符合年轻人的品位。而共享单车的适用群体无疑是每天忙碌工作的年轻人。

　　一辆摩拜单车的造价在6000元人民币左右，是相当昂贵的，对于一小时1到2元钱的费用，也是非常良心的。之所以能做到如此的高端，是因为摩拜在最开始形成理念时，就融到了一大笔风险基金，可谓是含着金钥匙出生。尽管如此，摩拜创始人一开始并未想做平台生意，而是想做自己的产品，解决最后一公里问题。后来演变为平台模式，都是因为"平民"对手ofo的推动。

　　ofo的诞生可以说是白手起家的过程，几个北京大学的穷学生，因为看到每年老同学离开校园有大量二手单车待卖，这将是一个长久存在的市场。所以，他们组建了交换联盟，因为受到欢迎，单车数量不够，就选择二手车统一着色的模式进行投放。后来发现购买新车加统一Logo的模式更加经济，就在第一笔融资到位后，投放了大量的新车。但这些单车只走出了北大，却没有走出校园。而此时的摩拜因为资金充裕，已经开始面向全社会进行投放。ofo创始团队终于意识到这将是一场抢地盘的战争。于是在2016年下半年，ofo终于决定走出校园，争抢市场。

　　于是形成了两个不同的派别：ofo的用时间换空间和摩拜的用产品换空间。

　　ofo为提高供给密度，与大部分自行车厂商合作，将它们的库存烧完，然后再慢慢革新产品，用质量更好的第二代去替换第一代。代价则是，单车质量一般，损坏率高，车锁不够智能，容易被破解。

　　摩拜因为所有的产品设计都需要自己的供应链完成，市场上的厂商无法完成订单，因此生产和供给速度比较慢，单车成本居高不下，投放速度也慢。优势则是，单车质量好，损坏率低，用户使用口碑好。

　　所以，在这场对各自都有利弊的战争中，单边的供给拉动演变成了终极的"非对称式增长"，双方都在想办法将供给端急速拉上去，剩下的部分由"最后一公里"的流量去解决，因此并没有多少去拉动C端（用户端）的努力。

■ 第三阶段——平台进阶：需求端变为生产端，黏性剧增

平台的进阶是决定一个平台能否最终迈进优秀行列的阶段，也是"平台最性感的部分"。一个平台至少是双边的，一边是生产者，一边是消费者，这两边通常意义上来讲是固定的，谁是生产者，谁是消费者，是不可能互换的。但真正优秀的平台却能做到两边互换，最起码可以在开始阶段或者做到某一个阶段时进行互换，其中的一部分消费者变身为生产者（见图4-14）。

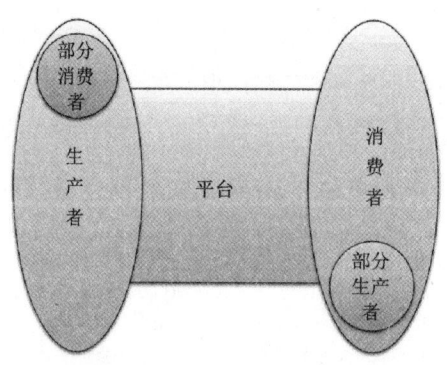

图4-14 平台双边的生产者与消费者的互换

比如，滴滴打车推出的出租车接单服务，本质是使出租车司机（生产者）和乘客（消费者）之间更方便地联系，也是为了培养用户的消费习惯。但当滴滴推出快车业务时，原有的消费习惯却被打破了，原来的生产端完全由出租车司机把控，乘客只是消费端。现在普通消费者也可以将车作为经营工具，转而从消费者转变为生产者，而出租车司机在平时不驾驶出租车时，也可能乘坐快车成为消费者。

这样做的好处是，从表象上看使得一大批车主有机会赚到外快，

从本质上看滴滴仅仅付出低廉的成本（为生产端和消费端的用户编写代码、提供交易场所），为平台增加单边能量（有更多快车、专车可供用户选择）。可以肯定的是，选择这种模式的用户越多，平台的影响力就越大，用户对平台的黏性也越大。当时的情况是，供给量增大了10倍、20倍、30倍，滴滴的平台效应开始显现，逐渐从原来只是培养用户消费习惯变成一个真正有黏性的平台。

再比如，喜马拉雅FM出现时，市场上已经有20多家FM，蜻蜓FM因为上线早最为有名，但其内容的大部分都来源于广播电台，产品体验并不好。

喜马拉雅则非常注重内容的品质，听众只要有内容创作能力，也可以成为一名播主，这样做的目的就是为了汇聚优秀的内容资源。

那么听众具体可以怎么做呢？来看看一个小姑娘的经历，她是某城市历史博物馆的讲解员，在喜马拉雅上开了个小频道，业余时间把自己讲解的内容录一遍上传，得到了很多历史迷的关注，有了一定数量的忠实粉丝，之间有点赞、鼓励、互动。当她的频道粉丝累计到100万时，发生了质的变化，有广告商主动登门，每次的冠名费为50万元。

我们不讨论小姑娘的收入，而是关注她从一个听众（内容消费者）变成了播主（内容产出者）。而原因是平台给了她录制、传播、剪辑的渠道，让她有机会增粉，并可以互动。

■ 第四阶段——平台展开：生态，降低生产门槛

优秀的平台可以激发消费者变成生产者，让中间的pro-sumer（产用一体化）人群扩大。但不是所有行业都会产生中间的pro-sumer群体的，那怎么办？这时候可以通过不断增加供给的办法来提升平台效率。

比如，小咖秀采用的"金字塔"供给端，极大地拉低了创作本身的

难度（见图4-15）。

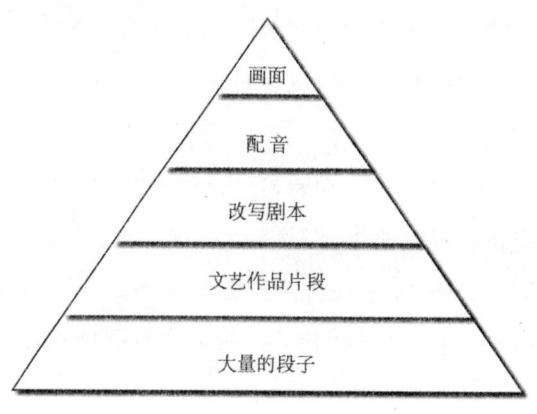

图4-15 小咖秀"金字塔"供给端

为什么要这样设置，因为有些人面容姣好但声音难听；有些人声音好听但形象不好；有些人只具备改编能力强的特点……每个人都只想展现自己最好的一面，并且隐藏起不好的一面，小咖秀为用户提供了更容易使个人单个亮点闪光的机会，一方面降低了用户的内容生产成本，另一方面也让用户更能发挥优势。

再比如自建物流的京东，只是为了给用户提供更好的服务。虽然建立物流需要很大投入，但只有自家的物流才能保证自家的产品最快速、最安全地送到用户手中，这不仅是对用户的负责，也是对企业的负责。当自用得到满足后，还可以把物流平台开放。

所以，平台型企业一定要建立自己的生态，这个生态不是让供需双边市场直接受益，而是让服务于两端的任何一个小商家从中受益。当生态建成时，平台上的黏性也会逐渐增加。

第五章
极简：把企业做轻、做小，把价值做大、做牢

简化组织结构，从来都是企业经营过程中不可缺少的环节。当有些企业在精简组织结构时，一些走在前边的企业已经开始寻找将组织彻底做轻、做小的途径了。只有给组织结构不对的企业的经营造成负担，才能助力企业竞逐未来。

5.1 别做累死在路上的短命企业

很多企业从创立到解体,只运转了很短的时间,或许从来没有起落过,或许一度壮大过,但也只似流星般迅速闪耀,迅速滑落,有的无声无息,有的震天动地,可是不管怎样,坠落了就再无升起的机会了。

忽然有一天,发现有一个咖啡品牌很是惹眼,叫作Caffé Bene(咖啡陪你),全然就是"忽如一夜春风来,路边多了咖啡厅"。上网一搜,看到的都是可爱的品牌Logo,大大的落地窗,华丽的水晶灯,慵懒的沙发,一束阳光打在圆形的桌面上,顺着光进入眼帘的是一杯卡布奇诺和一块芝士蛋糕,满足了年轻人对于美好生活的所有幻想。

细看之下才知道,这个品牌诞生于2008年4月,总部位于首尔,在韩国已有900多家连锁门店,"以比全世界任何咖啡企业更快的速度成长",拥有在业内最早打破500家加盟店的纪录,号称"咖啡馆第一品牌"。在其扩张最快的那段时间,连星巴克、LAVAZZA、COSTA都相形见绌。

2012年3月,"咖啡陪你"进入中国。韩风的咖啡厅中,充满温暖、可爱的场景,顾客也应景的穿着时尚而前卫,青春无敌,轻松随意。打破了咖啡厅就应该严肃、高贵、典雅,西装革履的传统印象。这样亲民的咖啡馆迅速占领了年轻人的心智,不到两年,中国的"咖啡陪你"店铺已达600家。那时的行业领袖星巴克虽然已经进入中国20年,但也才只有700家门店。此后的四年里,"咖啡陪你"成为中国休闲咖啡连锁第一品牌,门店3500家,营业额超50亿元……不止在中国,在美国、菲律宾、柬埔寨等国家的"咖啡陪你"都在蓬勃发展着，俨然有取老大哥而代之的趋势。

就连韩国人都用"蟑螂繁殖"来形容"咖啡陪你"的开店速度，将该品牌戏称为"蟑螂陪你"。但无论怎样，"咖啡陪你"，还是创造了无人能超越的神话，其创始人姜勋也被称为"咖啡王"。

本以为"咖啡陪你"将要大展宏图的时候，却听到了姜勋自杀的消息。时间是2017年2月4日，地点是家里的洗手间。而"咖啡陪你"也在此后江河日下，逐渐地由盛转衰。

为什么会是这样的结局？问题究竟出在哪里？星巴克对自己的这个对手做了详细的分析，最终得出了一个结论：Caffé Bene是自己累死了自己。当然，星巴克的结论报告绝对不是这么简单还略带粗鄙的，但总结出来就是这一句。

下面，我们通过三个方面，对星巴克的总结进行讨论，看看能带给我们怎样的启示：

■ 要选择1+1>2的管理层组合

企业成立之前需要做的，除了选择经营方向和经营实体，还需要确定经营团队，而决定一个企业能走多远的，最终是这个团队的能力。至于要怎样组合团队，这已经是历时N年的管理学上的研究项目了，随着时代的变化，一直在变化着，都是为了让企业更能适应时代的发展。

如果讨论管理层的组合，话题就太大了。为了缩小话题，我们给出一条管理层的组织原则：看企业创始人的基因。

如果创始人带兵打仗的能力强，就要与营销推广能力强的人合作；如果创始人营销推广的能力强，就要与管理能力强的人合作。这是以他人长处弥补自己短处的组合方式，也是最合理的联合方式。

"咖啡陪你"的败笔就是刘邦没有遇到萧何——带兵打仗的基因没有与后勤保障的基因合并,结果公司管理层不仅没能形成1+1>2的合力,反而成了1+1<2的效果,因为他的团队无论是管理还是运营方面,都不是强项。在度过了最初的高速发展期后,公司就进入了极速下坠的通道。

■ 不要触碰行业的天花板

任何行业都有盖有底,盖是天花板,底则是地板。行业的天花板是当下行业所能承受的最大饱和量,超过了饱和量,行业中的企业都将越发难做;行业的地板是行业所处的最不景气的阶段,一定要坚持住。

天花板也好,地板也罢,都不是真实的物体,它们看不见摸不着,但却真实的衡量着行业的现在和未来。

仍以咖啡行业为例,十年前,韩国已经跻身咖啡消费大国的行列,人均年消费咖啡300余杯,仅有5000万的人口,却创造了全年消费过150亿杯的数量,这是非常惊人的。而中国当时有13.8亿人,年消费咖啡数量刚过50亿杯。表面看咖啡消费总量只差了三倍,但再结合上国民数量之后,这种差距是非常巨大的。虽然经过了近十年的发展,但两国之间咖啡的消费数量并未缩小多少,仍然是几十倍。

而当时,韩国全国的咖啡馆不到3000家,2015年突破了2万家,但因为有着巨大的市场规模,咖啡行业的生意还是相当景气的。而同时在十年前,中国的咖啡馆数量已经是韩国的两倍,到了2015年,咖啡馆的数量还是维持在两倍,将近5万家。中国地缘庞大,这几万家咖啡馆分不开一定都不局促,但因为咖啡市场的薄弱,这几万家咖啡馆的存在还是远远超过了市场消费能力(见图5-1)。

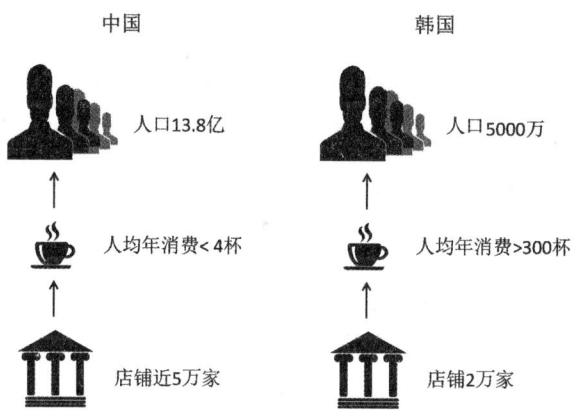

图5-1　中、韩咖啡行业的对比

在咖啡馆密度最大的几个城市中，真正实现盈利的不足三成，其中还有很大一部分是微利运营，状况很不乐观。在这种情况下，"咖啡陪你"开始了大规模扩张，显然是很不正确的，开店速度超过了客群增速，最终的解决办法只能有一个，那就是关门大吉。

看起来，"咖啡陪你"是因为市场不给力才速坠的，但市场就在那里，不是某一时刻认为可以改变的，那么就要顺应市场的需求。"咖啡陪你"显然忽视了这一点，仍然盲目扩张，竟然将行业的龙头作为赶超的目标，最终在极速扩张之下，因为身躯过于庞大累死了自己。

因此，任何时候，都要注意发现行业的天花板，在发展的过程中时刻瞄着天花板的变化，天花板升高了还是降低了，企业都要随之调整战略，不能任意地按照自己的节奏进行。

■ "家"与"企"要分清

在创业之初，总会有"家"和"企"难分的局面，往往创业者个人的财富也是企业的财富。这是可以理解的，也是一种必然的现象。因为创业之初，资金最为匮乏，个人资产需要大量的投入，甚至需要全部投入，而且企业的管理人员经常是创业者本人，暂时不需要做出划分。

但随着企业壮大后，管理者必须要面对一个问题，就是将个人财富或者家庭财富与企业经营之间隔离开，至少要设立一道防火墙。否则，一旦企业经营不善，就会牵连家庭，最后很可能创业者的个人财富荡然无存，如"韩国咖啡王"的命运着实唏嘘。其实，就算是企业经营良好，但若是管理者的家庭财富和企业财富理不清，最终也会影响到企业的股份划定，同样会影响到未来的经营。

企业要想发展的好，在股权设立方面，一定要保证"轻装上阵"，背后没有任何额外的拖累，比如夫妻股东的形式，就是讲企业和家庭捆绑在一起，企业经营者就丧失了"法人独立地位"和"股东有限责任"的双重保护，一旦发生变故，会给企业带来巨大的危害。

当企业的拖累小了，发展的道路上就少了一些不必要的沟壑，在创始人带领企业前行的路上即便遇到坎坷也会更容易地渡过，不至于被拖累致死。

5.2 管理极简：减少多余管理层级

对管理的传统印象总是一级管一级，仿佛没有规模，不成级别，就有损于"管理"的概念。于是乎，我们会看到一些小企业，员工没有多少，部门却不少，管理人员也不少，造成了管理者多与实干者的奇怪状态。

几年前，听人说起一个小公司，算上老板只有六七个人，几年的经营后，公司也没有任何起色。老板居然在千里之外又开了一家分公司，聘请了一名职业经理人，三名部门主管，一名前台接待人员，还有一名会计，还有五名完成具体工作的员工。

难以想象，一共只有12名员工的分公司，竟然分了三个管理层级，职业经理人管理主管，主管管理员工，而在职业经理人之上的还有总公司的老板。这种公司怎么能有工作效率呢？员工做出一项工作，需要层层向上审批，待到一级一级的检查通过后，工作的时效性可能已经所剩无几了。

现在的市场竞争，时间往往是决定性因素，很多企业都在想尽办法力争比对手快一点。就像马云在创办阿里巴巴时说的一样："我们的产品必须要在半年内出来，否则这个市场就没有我们的了，我们就要死了。"那时是1998年，是一个网络刚刚兴起，时间概念刚刚抬头的时代。20年后，用时间决胜已经成了共识，比别人快，就意味着比别人更有机会获得市场认可。于是，在保证质量的前提下，任何影响时间进度的因素都应该被排除。

大部分创业者接受的是传统的多层级的管理模式，但如今企业管理追求极简，减少多余的环节，以保证管理的效率和执行的效率，最终目的是为企业整体运营提效。

既然管理极简的概念已经开始在商业新世界中占据主导地位，那么，具体应该如何操作呢？

■ 减少非利益产出人员的比例

通常情况下，一家企业的员工可以分为两大部分，即行政职能的员工和生产职能的员工。行政职能的员工，通常为企业的管理层、人事、后勤部门的工作人员；生产职能的员工，通常为企业的一线生产人员、销售、研发、售后等部门的工作人员。归纳来看，行政职能的各部门属于消耗性，不能为企业创造直接利益，而是为企业中其他创造利益的部门员工提供必要的保障,但同样是有价值的。而生产职能的各部门能够直接进行利益产出,但也不是绝对的具有价值或者是价值与地位相符合(见图5-2)。因此,针对企业内部不能带来直接利益的人员的比例,要相应进行减少,到达能够保证企业正常运营的标准线即可,切不可过多设置无谓的职务。

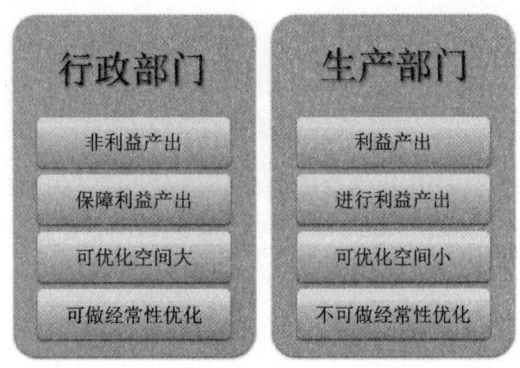

图5-2　行政职能部门和生产职能部门

就像本节案例中所说的那家小公司的分公司,一共只有12个人,却设置了三个管理层级。其中,三个人属于行政部门——职业经理人、会计和前台;三名部门主管属于半行政半生产;六名员工属于利益的直接产出者。

虽然是一家小企业,但也可以从中看到一些大企业管理阶层冗余的样子,几百人、几千人的企业,行政类人员有三分之一甚至达到一半,管理的级别从上至下有七八级之多,每一级都要对管理掣肘,每一级都要干扰到利益的产生。而且这种状况导致的另外一个不好的现象就是当有责任需要承担时,往往找不到具体的责任人,好像所有部门都应该负责,又好像所有部门都没有责任来负责。因此,作为一家企业,必须要简化管理层级,优化管理模式。具体做法如下:

第一,砍掉不必要的管理层级。

这是一种有些极端的做法,就是将企业中某一个级别砍掉不要,形成更加直接的管理。就像上面说过的这家小公司，就可以将部门主管的级别砍掉，由职业经理人（或者招聘业务经理）直接领导员工。减少一级，就会减少很多管理上没必要的环境，增加工作效率。

第二，尽量缩减非利益产生者的人数。

研发、生产、售后等属于利益直接产出的部门，员工需要维持在保证正常运转的范围内，或者要超过正常运转所需的人数，毕竟还有人才检视和应对经营危机的需要。但行政人员方面，除了必须要保留的职位和相应的人数，多余的都应该清除掉。比如，只需要两名仓库保管员，就不要安排三名；只需要一名管人事的人员，就不要再为其委派副手；只需要一名司机，就只雇用一个人。

■ 适当"越级"有助于提升效率

减少管理层级，除了实际性的进行清理，还有另一种方式，属于虚拟性跳跃。就是人为的安排，让低级别的管理者或者普通员工能够有直接与高层对话的机会。这种方式，既保证了管理的有效性，又在公司已经结构相对优化的基础上更加灵活地进行管理。

Google创始人之一的拉里·佩奇，就是一个很善于越级同下属建立关系的人。2002年5月的一个周五下午，佩奇随意进行了一些词条搜索，但结果让他很不满意，该如何解决这些问题呢？佩奇没有选择指派哪个部门或具体的人去做，而是将自己不喜欢搜索结果的理由打印出来，并将存在的问题做了标记，然后贴在了公司娱乐室台球桌旁的公告板上。

只要有员工进来午休，就会看到佩奇的大字"这些×××简直糟透了"。很明显，佩奇贴出了"皇榜"，谁敢揭榜就看个人本事了。

这是非常高明的办法，作为企业高层能够有一次与基层员工直接沟通的机会，还能激发员工的工作热情，更重要的是能够提高工作效率，只要有人接下了这个工作，就说明有了解决的办法。

果然，第二周的周一凌晨，"揭皇榜"的能人就出现了，是一位叫杰夫·迪安的搜索引擎工程师，他发了一封邮件到佩奇的邮箱，相应地分析了问题出现的原因，并提供了一份解决方案，还提出可以利用周末时间编写出解决方案模型。

后来问题很快就得到了解决，而且迪安的方案无懈可击。与其说这是迪安的成功，不如说这是佩奇的胜利，一份打印纸就拉近了与员工的距离，迅速发现了人才，让员工看到了只要有真本事就能脱颖而出的希望。

由此可见，在有些时候选择"越级"并非是一件坏事，因为管理不能是死水一潭的状态，制定好级别后，就坚决不能打破。对于有效管理来说，这是不正确的状态，要有一定的打破，给予员工激励。

5.3　流程极简：只保留必须环节

20世纪开始，一股前所未见的科技浪潮席卷全球。当时的发明家和企业家研制出了汽车、飞机、电视、电网、无线电等改变人类生产生活方式的产品。这些新技术使得大规模生产成为可能，一些有实力的公司纷纷进入大众市场，引领了规模化时代的到来。

毋庸置疑，规模化带来了巨大的竞争优势。不仅生产中选择规模化，降低固定成本，为竞争者设置了准入壁垒；管理中也采用了规模化，整个管理层次更稳定，增强了企业的整体性。过去的100余年中，各式各样的公司、企业、组织都在寻求生产和管理的规模化。于是，商海中一艘又一艘的"巨无霸号"公司诞生了。

庞大的规模让这些庞然大物看起来永远不会沉没。但现实却很骨感，雷曼、安然、柯达等响当当的巨无霸都倒下了。若不是杰克·韦尔奇剑走偏锋，开启了生产和管理的"去规模化"的改革，通用（GE）这个反应迟缓的大家伙也会倒下。

韦尔奇先改革内部管理体制，减少管理层次，将原来多达8个级别的管理层次减到3～4个层次，只保留了管理必须要有的环节。此后几年逐步清理冗员，先后砍掉了25%的子公司，将350个经营单位裁减合并成13个主要的业务部门，裁员达数万人。

在当时的经营环境下，这种做法如同疯了，主动裁剪公司分支，就等于削弱公司实力，别人都巴不得发展，通用却在高削减。这就是杰克的经营理念，他自创的"数一数二市场原则"观点是："任何事业部门存在的条件只有一个，就是在市场上必须'数一数二'，否则就要被整顿、关闭或出售。"

其实，这种"数一数二市场原则"就是最早的流程极简，所有被保留的环节都是最重要的，其余的要么被砍掉，要么外包出去。这是从过去的公司规模化效应到如今的产品需求化效应的转变。

这种管理流程极简的优势非常明显，可以通过便捷的管理保持住公司的灵活性和专注性，从而以更低的成本和更少的精力付出，更迅速地应对需求和环境条件的变化。那么，要如何做到只保留必需的环节呢？

■ 用外包策略为产品注入绝对的专注力

在企业尚在成长发育的幼年和童年时期，往往都是企业内部自行架构管理部门，为了让管理更加高效。但随着公司的发展壮大，企业所涉及的管理和生产方面的内容越来越多，曾经起步阶段的专注力就会分散和下降，会逐渐迷失在流程步骤、组织阶层、获利多少、股价关注等事项当中，但这些事项与为目标市场提供受欢迎的产品毫无关系，甚至还能起到负面影响。

因此，要在可能的情况下做到流程极简，让公司看起来更像一个由若干个"小公司"组成的网络综合体。每家"小公司"都是网络中的一个节点，都全心致力于生产能完美契合于细分市场的极致产品，这样的企业才更有竞争力（见图5-3）。

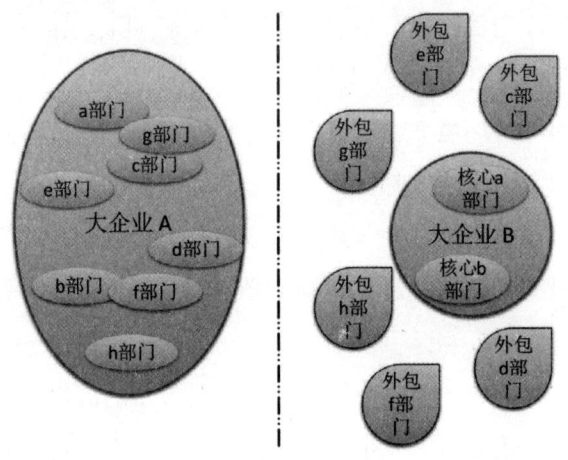

图5-3 大企业化身为"小公司"

如果做到将大企业化成小公司呢？最直接的、最有效的，也是如今最受推崇的方式，就是外包。将企业除了核心管理和业务的环节都外包给其他公司来做，这种方式的好处有如下两点：

1．企业整体运转更流畅。因为将非核心管理和业务外包出去了，企业的专注力就又回到了核心的管理和业务上，企业整体的盘子更小，运转会更加顺畅。

2．更具专业性和可行性。外包不是随便而定的，而要选择专业性强、能力突出的企业进行合作。因此，外包出去的业务会比之前在企业内部运行时更加专业，而外包企业的突出能力能保证所提供的方案的更好的可行性。

外包不是最近十几年才提出的概念，有些企业在几十年前就已经开始施行了，但因为并非主流，而没有引起足够的重视。在进入，21世纪后，外包成了企业管理运营上的主流方向，各大公司都在力争借助外包的形式摆脱非核心业务。

苹果和耐克将产品制造外包给了中国的公司，奈飞（Netflix）也不再构建数据中心，而是依附亚马逊的网络服务来运营自己的娱乐流媒体服务。可以预见，下一代去规模化公司的外包之路将走得更远，因为除了打造产品，其他方面的能力都可以向大公司租借。

■ 辅助性环节可以让用户"帮帮忙"

有些时候，企业在精简组织结构和管理层级的时候，会将用户也考虑进来，让用户成为其中的一个环节，这样既形成了用户高度参与的愉快状态，还增加了企业或部门运转的流程性，最终收获了管理和经营的双赢状态。

那么，如何将用户考虑进来呢？用户的作用到底是什么呢？

可以让用户的流程取消，然后直接参与其中，在此之中，用户起到的既是参与者的作用，也是半个管理者的作用。

在这方面运用比较成熟的是卖场型企业，比如宜家家居。宜家的卖场非常大，产品众多，从进入到逛完，要大半天的时间，人们难免疲惫和饥饿，因此宜家在卖场中开辟了餐厅。餐厅非常大，有两排取餐通道，四个结账区，即便在用户最多的时间，餐厅也能容纳得下。

在宜家餐厅里，服务人员只有少数提供餐饮的人员和结账人员，其余的工作则需要用户自己来做，因此说用户的参与度非常高。宜家餐厅里有"免费咖啡"和"免费果汁"，用户只需购买一杯咖啡，就可以无限免费续杯。除了这种自己动手丰衣足食的方式，用户还要当好自己的管理者，在用餐结束后将餐具送到清洗台的传送带上。

如果免费添加咖啡自己动手，很多人还可以理解，但自己清理餐具就属于很特殊的规定了。但用户们不但不排斥，还干得很带劲，因为这是素质的体现，如果有人不这样做，就会被视为素质不够，谁不愿意在公众场合展现高素质呢！

这种让用户参与进来的做法，减少了相当多的工作人员，也减少了管理的环节，庞大的餐厅内就保留了点餐和结账的必要工作人员。这就是流程极简，简化到用户都要参与进来，但高明的就是用户参与地乐在其中。

看完后是不是受到了一些启发，企业不要总把用户当"外人"，而要把用户当成自家人，谁会跟家里人虚假的客气呢！

5.4 组织极简：扁平化的企业才有未来

在组织扁平化的之前，组织一直是层级模式，也就是金字塔的结构，从上至下进行管理，从下至上进行负责，通常不鼓励越级管理或跳级晋升（见图5-4）。

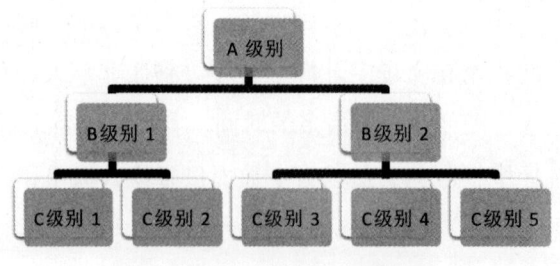

图5-4 金字塔结构的管理层级

该图是很明显的"金字塔管理",一级管一级,每一级都有明确的界限和规则。这种管理方式在漫长的人类历史中起着非常重要的作用,在企业的经营过程中也有着重要的作用。但随着时代的进步和竞争的变化,大型企业管理已经逐渐在用更有效的方式来升级金字塔结构,其中最受推崇也是效果最好的,就是扁平化。

所谓组织扁平化,不是真的将原本的金字塔结构全盘推翻,实现没有一点层级的绝对扁平,这是不符合管理基本概念的。组织扁平化是在传统金字塔组织结构的基础上,应用现代信息联通方式达到沟通扁平化的目的。也就是说在传统金字塔结构的基础上,通过即时通信方式,将原本需要逐级传递的形式,改为跨级传递,从而增强组织对环境变化的感应能力和快速反应能力(见图5-5)。因此,我们说扁平化是升级金字塔结构,而不是替代、更换。

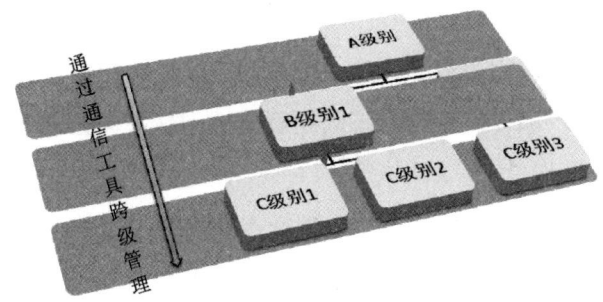

图5-5　组织扁平化

扁平化管理的作用是,能够避免管理"失真"的现象,达到快速、准确发布指令和及时、有效反馈。

扁平化管理的意义是,组织决策重心的不断下移,让组织决策尽可能产生于发生信息的地方,减少决策在时间与空间上的滞后。

扁平化组织的优势是,可以更深地挖掘出企业内部的人才,有利于企业的人才队伍建设和管理层的更新换代。

既然扁平化组织对于企业有很多好处,那么如何实现组织的扁平化呢?

■ 运用SOA，让业务流程加快

SOA是面向服务的架构，把原本存在于各企业应用中的分散的功能组织，按照可互操作的、基于标准的原则进行整合和重用，以满足企业的业务需求。

IBM软件集团的全球副总裁桑迪·卡特尔认为："SOA虽然是一种技术，但更像是一种借助技术改变的思维方式。它的普及不是大规模宣传的结果，而是企业对SOA作为一种使业务更密切结合的演化的认知。这种演化是震撼的，必将为企业的成功带来深远的影响。"

长安铃木是大型汽车制造企业，形成了30多个大小管理组织，要想让管理运作起来，需要相当大的投入，但如此大的投入却没有真正给长安铃木带来业务方面的快速敏捷，反而由于流程缓慢的问题影响到产品开发，导致新产品延后上市。

某一款车型推迟上市三个月，造成了直接经济折损达到四个亿。必须要在下一个产品开发周期内将问题解决掉，这是企业高层一直以来的目标。

曾经，长安铃木是按需开发，因此企业内部逐渐衍生出了许多信息系统，比如技术中新开发的信息系统就有五六个之多，每一个系统和其他系统之间并没有交集，各自都是信息孤岛，不同部门之间也是各自为战，彼此隔离。

这种情况势必会导致企业整体运作流程的滞后，每进行一个步骤，都要各方面进行协调，而想要各部门联动或者跨部门、跨平台交流合作，更是困难重重。

后来经过反复思考和验证，长安铃木将自身的关键业务系统定为四个：ERP（企业资源计划）、供应链管理、分销系统、车间制造执行系统。原来在系统与系统之间只是通过简单的流程进行控制，在数据层面没有做到集成，因此不同系统之间的数据并无关系。流程和数据系统分离带来的负面代价是管理效率低下，管理成本居高，数据不一致，准确性差，不能实时统计数据。

在定下来改变的目标后，2007年10月，长安铃木引入SOA架构来改善流程管理。"我们的目标是解决整个公司级的流程管理，流程管理系统能够直接在流程的关键节点将相关数据直接与应用系统产生交互，解决数据处理的及时性和不一致。"引入SOA架构的决策人之一董斌说。

长安铃木原有的流程分散在各个部门里，等到问题暴露的时候已经迟了。如今则是主动进行流程优化，对整个流程进行监控，提前进行干预，保证整个产品的进度。比如，从拿到设计任务开始，可以详细到某个零件，是要继续进口，还是自己开发，需要到整个流程中去驱动，这是非常清晰的，是一种自然的打通。

■ 跨越组织结构，进行重新捆绑

组织极简的另一种方式是跨越组织结构，将用户和产品直接关联起来，这样就减少了企业的组织层级。比如，当企业值已经清楚地知道了自己的某一款产品存在特定的用户群，就可以为这些用户提供产品组合中的其他产品。也就是说，公司可以将针对每个用户定制的产品捆绑在一起，有针对性地捆绑销售不同的产品组合。

通常情况下，企业每研发生产一款产品，都需要营销宣传和运营推广，保证拿到市面上能被消费者接受，这就需要相应的部门去实行。而动态的重新捆绑则是将产品与用户直接关联，使得企业尽量减少无谓的人员资源浪费，企业既能享受到做强做大的优势，又无须真正去通过构建规模化而实现扩大。

2012年，Honest公司开始以会员制的方式销售各种安全有机的尿布和擦拭巾。服务的对象是细分产品的小规模用户群，他们希望买到不同于大众品牌的产品，仅一年时间该公司就获得了1000万美元的收入。顺着这样的思路，Honest又开发了洗发水、牙膏和维生素等产品。如今，这家公司的销售额已经突破了三亿美元。

5.5 人员极简：用最少的员工撬动最大的利润

所谓人员极简，不是必须要用最少量的工作人员，而是要将每一名员工都用在最关键的位置上，让其发挥最大的价值。在管理学上，这种管理模式被称为"用最少的员工撬动最大的利润"，这是非常高明的管理方式，但也是相当难操作的管理方式。

这种人员极简明显的呈现就是角色互补。任何企业都不会只由一种类型员工组成，而是由不同类型的员工分别担任不同的角色，他们之间形成"优势互补、劣势抵消"的化学反应，形成企业强悍的战斗力。

■ 建立学习型组织

想要实现人员的极简，就需要有一支能力超强的队伍，能够应付各方面的状况，不断推动企业的前进。缺少这个前提，企业是不可能做到人员极简的。

想要拥有这样的队伍，除在招聘时快速发现人才和在工作中及时发掘人才外，还需要企业内部具备恒久的学习氛围，让员工在不断工作中学习，在持续进步中工作，最终培养出更多适用的经得起考验的员工队伍。

建立学习型组织和业务流程再造，是当今最前沿的管理理念。目前，在世界排名前一百的企业中，75%以"学习型组织"为样本，进行脱胎换骨的改造。这里所说的"学习型组织"不只是说在企业内部的某一个部门或某一段时间进行组织学习，而是整个企业形成整体性的"学习型组织"。

知识经济的时代，知识资本成为企业成长的关键性资源，将作为企业的核心竞争力而受到前所未有的重视。

■ 组建精英小团队

在企业成为学习型组织后，一定会取得相当不错的成绩。但也不能躺在功劳簿上享受未来，而要明白未来的每一天都将是充满危险的，对企业来说，每一步都是凶险的，必须要走好。

通常情况下，一般的经营和管理活动，企业的正常流程运转都可以应付，但如果出现很坏的突发事件呢？这是不可预料的，也是难以避免的。还有，当企业需要完成非常艰难的技术攻关时，都需要非常强悍的队伍才能实现。所以，很多大型企业都有"敢死队"，就是精英小团队。

这种团队往往是临时性的，为了解决某项非常重要或者棘手的任务而组建，目标是要完成任务。

这种"敢死队"有两个特点：

第一，自组织。

这是从古至今传下来的"敢死队"组建的唯一方式。任何形式的"敢死队"在组建时，都不是命令式的，上级更不会强迫。而是谁想去做敢死队队员，自己站出来。这样选出来的人，会是对将要执行的任务很有信念和信心的人。

其实，之所以叫敢死队，很可能是"有去无回"的，所以风险一定要透明化，开始之前要讲清楚，这次任务做成功了会有怎样巨大的奖励，做不成功会面临怎样的处境，以及企业会面临怎样的处境。告诉大家"尽管努力地去做就行"，因为失败很正常，99%的结果是失败，1%的结果是成功，但只要成功一次就够了。

第二，不能有"菜鸟"。

"敢死队"是领命要去执行最艰难任务的人，一定要有经验、能力、坚毅等多重具备的人来做。重要的考量是有经验的人经历过很多起落，抗压能力和对失败的承受能力会比较高。而且，有经验的人凭借过往工作和项目的积累，对创新项目面临的难点、问题会更为敏锐，更容易在项目早期就找到面临的核心症结，有更快速的纠错能力。

此外，"敢死队"的标配往往是3～5个人，不能少于三个人，也不能多于五个人。少了形不成合力，多了会容易产生额外的枝节。如果你不认可这个结论，那么来听听杰克·韦尔奇说的："一个3～5个人完不成的任务，30～50人也一样做不好。"

5.6 成本极简：减少自由资金支出，保证充足现金流

对于企业来说，现金是怎样的存在？无论是大企业还是小企业，现金都是命脉。如果没有了现金流，企业将迅速干瘪。因此，在经济学上有个专有名词叫"现金流断裂"，一旦现金流断裂了，企业的结局只能是倒闭。

辰华纸业是一家有着50亿元营业额的大型集团。2013年，在多家银

行支持的情况下，连续收购了四家纸箱厂和一家造纸厂，想加快扩大经营。但第二年银行贷款政策突变，收紧贷款，对于造纸行业更是只收不放，辰华短期内资金链断裂，欠下巨额债务，公司经营一蹶不振。

2014年7月，杭州荣海包装制品有限公司老板胡某被爆"失联"，工厂陷入停产状态。导致该厂经营状况急转直下的原因是胡某前期投资了房地产行业，建设了一栋九层楼房，导致资金越发紧张。工厂在彻底停产之前的一段时间，就已经陷入无法正常经营的局面。

2018年7月底，北京邻家便利168家门店陆续关闭，其母公司也于第二天停止总部各项业务。原因也是因为资金链断裂，母公司唯一的出资方受到警方调查，公司基本账户与一般账户均被银行冻结。

类似这种因资金链断裂而倒闭的公司每天都有。既然资金链是需要重点防范的方面，那么就要明白为什么会出现资金周转危机，主要有以下三个原因：

第一，运营资金匮乏。

主要有三种情况：公司扩张过快，导致过度交易，引发营运资金不足；存货增加、收款延迟、付款提前等原因，造成公司现金周转速度减缓，现有现金无法满足公司日常生产经营的需要；生产速度过缓或短期内无法形成收益，导致资金被长期占用。

第二，信用风险危机。

分为突发性坏账风险和大量赊销风险。由于非人为的客观情况发生了不可预见性的状况，造成应收账款无法收回，形成坏账；公司为适应市场竞争，采用过度宽松的信用政策大量赊销，虽能在一定程度上扩大市场份额，但也潜伏着巨大的信用风险。

第三，企业投资失误。

盲目扩张是不少公司发展过程中的经营思路。不仅在纵向上追求一体化（进入一些不具有相应能力的上下游产业），也在横向上追求多元化（不顾公司的实际能力和专业水准实行），导致相关产业之间缺乏协同效应，使新投资的项目无法产生预期效益，甚至迅速崩溃。

■ 与其他企业合作要做到赊账有度

赊账是很多企业经营的常见方式，因为可以加速发展节奏，对上游可以向其他公司赊购原材料或设备等，对下游是允许用户拖欠货款，这种状况下经营就好似如履薄冰。一旦赊出去的资金不能及时回笼，就会加大资金链断裂风险。

但也要正确理解何为"有度"，不是绝对不允许赊账，因为赊账是经营活动中不可缺少的一种模式，在必须要赊账时就要赊账。应该在允许赊账的情况下，设定一个合理的额度值，对于上游公司要设定还款日期，保证自己的信用；对于用户则以额度值为界限，一旦超过就要断然停止供货。

■ 产品账款尽量先前收取

公司对于第一次来购买产品的用户，一定要让对方先付货款后提货，并且是全款。不要认为这样会得罪用户，"一手交钱，一手交货"是很正常的经营状态，何况是首次合作，双方互不了解，能够结算清楚账款对双方都是利大于弊的，既能加快交易节奏，又能建立相互间的信任。

此外，还需要随时记录每位用户的付款情况，根据其信用指数制定相应的付款条款。

对于信用好的用户，可以将预付款的比例适当降低，但最多不低于成本；对于信用差的用户，就要将预估款的比例适当提高，甚至直接收取全款（见图5-6）。如果原来信用好的客户发生拖欠行为，其信用指数就要立即降低，马上提升预付款的比例。如果是信用很差的用户，要么放弃合作，要么就收取全款，没有商议的余地。

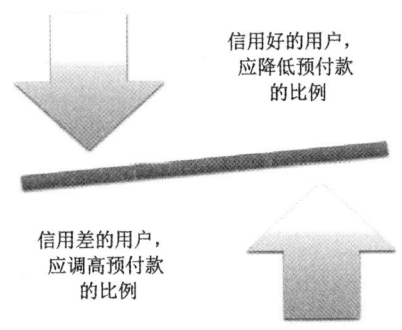

图5-6　用户信用度与预付款比例

这样做的好处有两点：一是可以给用户以警示，把风险降到最低；二是可以给信用好的用户以尊重，提高优质用户对公司的好感。

■ 大型生产设备或固定资产尽量租用

对于大型生产设备和厂房的购买行为，一些规模发展到足够大的企业是可行的，毕竟想要继续发展就要有一整套完整的体系。但是，在现实中经常看到一些小公司刚赚到第一桶金，就迫不及待地购置大型设备或厂房。

这样的做法严重消耗企业资金，待到厂房和大型设备建好后，公司的流动资金也所剩不多了，甚至开始欠账。当初史玉柱初建的巨人集团，就是奢望建立起一栋72层的大厦，硬生生地将企业的资金链拖断，最终破产。

所以，对于规模还不大或者实力并不稳固的企业来说，如果是急需的、又是占用资金巨大、建设周期长的大型生产设备或固定资产，一定要尽量租用。虽然短期内支付的租金相应多些，但能保留下足够的现金流，支撑公司良性运转。

■ 谨慎为其他企业担保

无论是公司行为还是个人行为，替他人担保经常出于三种原因：一是自我保护意识不强而签字替人担保；二是明白其中的风险但碍于情面难却；三是因利益诱惑而主动挺身而出。无论是哪一种原因，替人担保都潜藏着巨大的风险。作为担保方必须要想到：如果对方动机不纯怎么办？如果对方无力偿还怎么办？如果对方赖账不还怎么办？一旦事情发展到这种情况，将是无法接受的。因此有人说，避免担保风险的最好办法是谢绝，以此来避免不必要的麻烦。

但是，不是所有事都能按照我们的心意进行，如果遇到了实在无法推脱的担保应该怎么办？总不能抱着撕破脸皮的方式去回绝吧！毕竟企业要想生存，也需要"一个好汉三个帮"才行，互相帮助、互相成全，企业才有机会做大做强。

此时，不要再想推脱，而是要想好完全的方式，保护己方的利益。最好的做法可以去寻求法律方面的帮助，比如某位法律专家针对企业担保给出了三点建议：一是搞清楚是为谁担保，考察担保人的诚信度和真实度，核实对方的经济状况；二是知道担保什么，明了借款金额、期限、用途及担保范围；三是掌握担保人享有的权利和义务，比如是一般责任还是连带责任，要考虑自己的偿还能力。

第六章
内驱：最好的创新源自内部驱动

创新是企业持续成长的动力源之一。但创新分为内部主动创新与外界被动创新，被动创新虽为创新，但企业处于被动位置，不能主动为企业求新求变。主动创新则是另一番景象，创新从企业的内部展开，延伸至企业的整体，主动权掌握在企业手中，引领行业的前行，成为行业的导向。

6.1 优秀的企业都是自我驱动变革

相信谁都不会忘记摩托罗拉、诺基亚、柯达、雷曼这几个企业,它们是曾经所在行业的霸主,它们有着绝对的话语权和控制权。但如今,盛景不再,盛世已过,这几个大家伙已经沦为历史的尘封,被黄沙掩埋了。

它们为何被淘汰出局?

听过的答案何止几十种,总结出的经验不下数百条,但归根结底它们只是犯了一个错误——没有创新,更精确地说,是没有保证持续的创新。

说到创新,这是一个所有人都不陌生的经济学名词。很多企业受益于这个词,逐渐做大;很多企业未能参透这个词,被后浪拍在沙滩上。

创新分为四种形式:第一种是生产或采用、同化和开发出一种新型的增值产品;第二种是更新和扩大产品、服务的市场;第三种是发展出全新的生产方法;第四种是建立新的管理制度(见图6-1)。

图6-1 创新的四种形式

创新因为不同的形式,既可以看作一个过程,也可以看作一个结果。但是,不论是过程还是结果,都对企业的继续发展壮大有很大帮助。

但是，是不是企业进行创新，就一定会更加强大呢？很遗憾，答案是否定的。这是什么原因呢？

苹果公司在市面上都是普通型手机的时候，已经在乔布斯的带领下开始研发智能手机了。这种创新现在看来是"静悄悄的"，也是"握有主动权的"。当iPhone 3问世时，轰动还不算大，只是引发了具有前卫思想的人的认可。但当iPhone 4问世时，一切都不一样了，引发了巨大的轰动，彻底改变了人们对手机的认识。

诺基亚那时候在干什么？因为N95和N97的畅销，诺基亚还在做着自己移动手机领域霸主的美梦。因此，在创新转型的最佳时机，诺基亚完美地错过了。美梦也在iPhone 4的打击下不情愿地醒了过来。随后，诺基亚清醒了，意识到了必须要创新，开始紧跟苹果的脚步研发智能手机。在这个时候，这是正确的选择，只是时间有些晚了，对手已经开启了新时代，诺基亚还徘徊在时代的大门之外。这种被动的创新，过程也是被动的，每走完一步，抬头一看，对手已经跃上了更高的台阶。追啊追，却总也追不上，最终在不断的追赶中，诺基亚终于累了，放缓了脚步，无奈地选择了放弃。

诺基亚的悲剧源自不能主动创新，以现在最新的理解就是没能实现企业的自我驱动。而那个最强劲的对手——苹果，却在时代的拐角处，实现了自我驱动，最终成了新时代的霸主。

通过苹果的崛起和诺基亚的陨落，我们看到了主动与被动之间的区别，主动的自我驱动，能让企业掌握绝对的主动权，有从容的时间去完成变革，而被动的创新，只是无奈地踩着对手已经模糊的脚印喘着粗气地追，丝毫没有主动权，既要关注自己的发展，还要奢望对手能跑慢一些，显然，对手是绝不会放缓脚步的，只能越跑越快，留下一道让它追赶着望尘莫及的影子。

因此，想要让企业从当下走到未来，就要成为一个能够自我驱动的企业——企业主动寻求变革，不断推动自己发现和实现新的机会。在此，我们罗列出三个方面，来帮助企业实现自我驱动变革。

■ 企业应树立"不可持续是无法持续的"价值观

"不可持续是无法持续的"，这句话出自北京大学国家发展研究院BiMBA商学院院长陈春花教授。

我认为这句话可以写入任何企业的价值观塑造中。因为企业要做的最重要、也最根本的事情只有一个，就是可持续性。只有做到可持续，才说明企业是发展的、是健康的、是有未来的。

很显然，可持续的本身不是由当下决定的，而是由企业是否具备通向未来发展的产品、技术、管理、经营模式等决定的。就像诺基亚，在N95和N97两款产品纵横天下的时候，是无法决定诺基亚的未来的，反而是当时不被人瞩目的苹果，却拥有着能够决定未来的产品、技术、管理理念和经营模式。

苹果之所以崛起，不仅是因为有天才的乔布斯，更重要的是公司有着强烈的创新思维和改变未来的价值观。所有苹果人都明白，企业想要长期生存，就要不断地创新，不断地变革，这种由价值观生发出来的激情和动力，最终催动了苹果的巨大成功。

■ 企业应打造"不受环境影响"的增长理念

企业是不是可持续的？企业应该怎样进行创新？企业面临哪些不确定性？这些都不是由环境决定的，因为环境会一直在变，如何保证在环境改变的同时，企业是可持续的？在研究过大量优秀企业之后，发现这些企业都不会受到环境的影响，任何环境下都可以保持可持续，因为它们都做到了这三件事：

第一件，想尽办法做增长。如果你不知道企业该怎么样去获得增长的机会，那么，你只需要知道，企业本身一定要有一个思维逻辑，就是要增长，无论如何都要增长，至于怎样做到增长，通常的办法就是自我驱动的去创新。然后，企业就可以用增长来应对环境的变化。

第二件，持续变革自己。不断地用持续的变革让企业获取成长的条件和资源，当拥有了自我改变的能力时，企业就不会再受到环境的影响了。

第三件，回归市场的逻辑。如今是什么时代，这就是市场规律，那么就考虑这个时代应该考虑的问题，就等于回归了市场的逻辑。有了不脱离市场的思维逻辑，企业在应对环境变化时才更有底气。

■ 企业应进行有助于创新的文化造势

企业的自我驱动变革，最终还要落实在文化上，因为企业文化是企业成员共有的价值和信念体系。这一体系在很大程度上决定了企业成员的行为方式。

但是，因为企业文化有导向、维系和约束的作用，因此也有很强的维持现有模式的倾向。这一点对于企业的长期发展是不利的，所以，应运而生的是企业文化创新。

企业文化创新是指为了使企业的发展与所处的环境相匹配，根据企业本身的性质和特点，不断创新和发展的过程。

面对日益激烈的国内外市场竞争环境，越来越多的企业认识到创新是企业文化建设的灵魂，是不断提高企业竞争力的关键，因此将创新贯彻到企业文化建设的各个层面，最终落实到企业经营管理的实践中。

6.2　自驱要从企业内部开始调整

　　为什么有的企业存活了100多年，仍然生命力旺盛？不是因为它们天然的受人拥戴，而是他们制造了受人拥戴的局面。

　　这种局面的产生，要归功于持续不断的自我变革、持续不断的自我更新、持续不断的自我转型，这是所有优秀的、长青的企业必须具备的内涵。无论哪一个阶段，你遇到它们，它们都有全新的东西跟你沟通。

　　变革、更新、转型的最大挑战是什么？有人回答是技术，有人回答是对手，还有人回答是市场变化、环境禁锢、资源不足、用户消费习惯等。但我要说的是，这些都是挑战，但不是最重要、最致命的挑战。因为最大的并非来自外界，而是来自自身——一个人习惯用自己的思维方式和经验结构来判断自己和对手的未来，因此，如果你是企业的领导者，在自驱创新这条路上，你的对手不是别人，正是你自己。我曾经在一次演讲中说："我非常担心一个企业的领路人，生活在2017年，思维却停留在2007年，甚至1997年。"

　　对于今天的企业，最大的资产是在企业内部形成一种随时可以改变的希望。有一次，在某企业做内部调整的顾问，起初领导者和管理层雄心勃勃。

　　但真的到开始调整时，领导者代表企业所有人说："别着急，你至少可以花半年时间再来调整。"

　　我回答："不行，这个月就要开始调整，你的企业才有希望。"

　　调整开始以后，领导者说："能不能让他们运行一段时间再调整？"

我回答:"调整不能停止。"

当调到第四次时,领导者问我:"什么时候可以不用调了?"

我回答:"没有不用调这回事。"

当第六次调整完成后,领导者问我:"第七次调整什么时候开始?"

其实,当时这家企业的调整已经进行完了,如果再调也是未来的事情了。但从领导者到管理层已经觉得不调整不正常了,因为他们看到了调整后企业和员工的变化。

以对话的形式、而非以讲述过程的形式阐述这个案例,是想让大家明白,很多企业做创新型调整不是外部推动力不够,而是内部的阻力太大,或者是领导者和管理层的思维落后。所以,才要求企业内部一定要形成自我驱动,当成为自我驱动型组织后,才可以做到根本性的改变。关于这一点,有以下四个方面的建议:

第一,领导者改变自己的角色。

领导者的新角色应该是什么?核心就是领导者能不能成为被领导者(不是被动的,而是主动的)。如果一个领导者不能主动成为被领导者,就无法驱动整个组织(或企业)的成长。在过去,当领导者只负责领导,决策很多事情,但如今的领导者最大的挑战是是否还原意成为企业团队中的一员,成为一名合格的被领导者。

第二,文化的调整和结构的设定。

自我驱动中一个很重要的要素就是企业文化的调整,不能简单地用原有的企业文化,必须要赋予新的东西。华为很注重企业文化的更新,企业整体不断进行批判,把不合时宜的东西扔掉,争取时刻做到与时俱进。

企业还需要设立全新的组织结构,因为所有的组织结构都是以稳态为主,企业应该考虑设立一个动态的,更方便企业内部的人才流动。

第三,建成授权体系,设立新型激励。

对于人才的培养一直有一个误区,人才是培养出来的,今天我给出个人观点:人才是打拼出来的(见图6-2)。不将人才放在合适的岗位上,他一定不会成长起来,将人才放在合适的岗位上,在授予相应的权利,才有生长的土壤。

图6-2 人才的涌现在于打拼

此外,因为授权不是时时刻刻都能发生的,所以在常规状态下,应该做到让真正做事情的人能够得到肯定,这就需要正确的、公平的激励政策的保障。

第四,打破现有的结构,打破内部的平衡,努力成为驱动自我成长的组织。

企业内部最大的危机就是稳定,太稳定的内部结构是无法应对时代的变化的。比如,企业的晋升奖励机制能不能让更多的员工得到发展的平台,而不是仅让10%的员工得到机会。之所以是10%,是因为企业从高层到底层的核心管理岗位就占员工总数的10%左右,现在需要把这个平衡打破,让尽可能多的员工得到机会。

就像海尔,有员工六万多人,每三个人就是一个组织单元,所以有两万个组织单元,这么多的组织单元,这么小的组织单元,产生的结果就是几乎人人都有机会。

6.3 反省程度越深，自驱力度越强

到底该怎样面对变化？

请大家记住，及时的反省永远是面对变化最好的方式。个人需要反省，企业需要反省，只有反省才能发现过往的错误，只有反省才能发现当下的不足，只有反省才能发现隐藏于当下却危害未来的危机。

2003年冬天，在美国读博的王兴决定回国创业。他找到了两个搭档：王慧文和赖斌强。一个是清华保送中科院的本科室友，一个是计算机专业出身的中学同学。对于创业的切入点，三人一拍即合，就是社会化网络社交软件，当时有如日中天的SNS，还有方兴未艾的Facebook。之所以选择这个领域，是因为当时主流网站都以内容为中心，以陌生人交友为主，熟人关系在网络中的渗透反而遭遇阻碍。

三个年轻人在清华附近租了一套房子，准备开启熟人社交，第一款产品命名"多多友"。但是，天将降大任于斯人也，必先苦其心志，劳其筋骨，"多多友"并未迎来好友多多，反而是场面冷清。随后的一年里，他们又陆续尝试了好几款产品，全部以失败告终。

为什么会这样？中国人只喜欢陌生人之间的朦胧交际？中国的熟人不屑于网络交际？中国就没有熟人社交的市场吗？

一系列的思考让王兴有些忐忑了，当时甚至产生了一种普遍被接受的观点：中国人保守，不愿意把照片和真实姓名等信息发布在网上，老外的SNS可能不适合中国。

但王兴却想到了ChinaRen，就是基于真实信息的社区网站，只是因为在资本寒冬的情况下被迫卖给了搜狐，否则中国的Facebook早就有定

论了，不会有自己什么事了。

后来在翻看"多多友"的数据时，王兴有了发现，很多用户只是每周登录一次，和现实中的熟人朋友留个言，问声好，发个私信。看来这些人还是非常在意熟人关系的，只是的确没有什么其他可说的，又舍不得扔掉，才只能打声招呼。王兴隐约地觉得，SNS形式在国内难以被认可的根本不在于用户愿不愿意留下真实姓名，愿不愿意以真实身份去交际，而在于网站有没有东西让用户觉得有必要或者非常有必要留下真实姓名，也就是用户留下真实姓名后是有一定价值的，而不是单纯为了交际。

王兴环顾四周，还是很幸运的，这一年在中国起步的SNS都发展得不太理想，意味着他还有机会。

于是，2005年12月8日，模仿Facebook的"校内网"正式上线。早期种子用户都是团队通过各种各样的方式拉来的，比如门票抽奖、大巴接送到火车站、赞助学生拍摄DV等。

毫无疑问的是，这一次王兴的产品做对了。校内网的用户在慢慢达到1千、1万后，迅速迎来爆发式增长。校内网的成功让所有人都看清了熟人社交应该怎样做，于是，大量的竞争对手也蜂拥而来。底片网、占座网、饱蠹、亿友、eDorm、looface等。和竞争者相比，校内网最大的特点是使用了Facebook成熟的UI和交互。虽然一度背上抄袭的骂名，但省时省力，而且比起其他网站的盲目创新来说，对用户也更加友好。

什么是生意？生活的意义就是生意。

"多多友"被用户使用了，没觉得得到了什么，只是能和老友多聊几句而已。于是"多多友"很自然地被生活淘汰了。但是"校内网"就不一样了，用户在上面得到了更多的东西，交友的品质得到了提升。

经济学上有句话："所有好的生意都是回答了生活意义。"如果企业提供的产品、服务和商业模式是让大家觉得不方便、不喜欢的，不能让生活品质和质量变得更好，那么不是你的对手淘汰你，而是生活本身淘汰了你。

■ 占据高峰时期需要反思

对于企业来说，可以按照不同类型分为不同的阶段（见图6-3）：

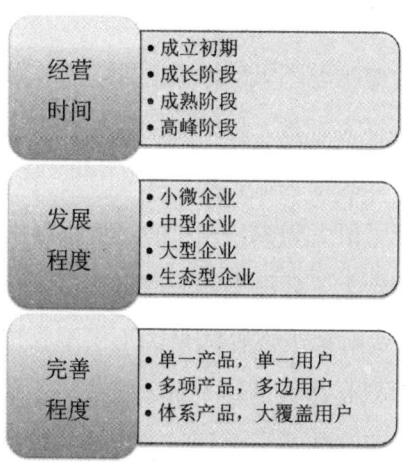

图6-3 企业的不同阶段

无论是怎样的划分方式，总有在某一时期占据高峰的企业。对于这样的企业，发展也是不能懈怠的，企业的一切仍然要以如何做增长为核心。

对处于正值发展高峰期的企业，仿佛一切都是顺利的，但作为企业的管理者或管理层，也一定要有清醒的认识，企业只要存在于竞争的环境中，就时刻有被后来者超越的可能，而被追上的突破点往往来自企业自身的不足，可能是产品的，可能是服务的，可能是管理的。所以，即便是处于巅峰期的企业，依然要保持冷静心理，经常反省，保证企业拥有长久的自驱能力。

■ 跌入低谷时期需要反思

人在跌入低谷后，最本能的反应是急于寻找机会爬上来。此时，最容易失去理智，做出更加糟糕的决定。与人的情况类似，企业跌入低谷后，企业从管理者到员工，也容易陷入焦虑状态中，怎样才能迅速上岸，成了企业的追求。在这种急于翻本的心理的作用下，企业往往开启了激进作风，一步快似一步地走向灭亡。

曾经，有两家规模相差不大的小型公司，都在成立之初的几年经历了良性发展后，希望扩大规模。但遗憾的是，两家公司都没能走好这一步，A公司是因为老板决策失误，B公司是因为错信的合作者，两家公司都不可避免地遭受了很大损失，几年的经济积累化作乌有。

此时，两家公司走上了截然不同的道路。

A公司老板急于要将损失弥补回来，不仅不收拢资金集中力量，反而扩大规模，而且只要是挣钱的路子都杀进去，不论谁给出个"主意"都想试一把。结果仅仅一年多，公司的情况更加糟糕了，连员工的工资都发不出来，破产已经不可避免了。

B公司老板则在遭遇打击后，先整理了公司的资产，然后维持现状。其主要精力都放在反思失败的原因上，最终厘清了思路，也想明白了未来的发展方向。待到企业重新起航之后，老板稳扎稳打，步步为营，终于将公司带出了低谷。

这个案例清楚地表明了两家公司因为最终的命运不同，从中揭示了反省对于企业的重要意义。对于一家遭受了重大挫折的企业来说，接下来该做的是思考失败的原因，教训虽然惨痛，但也是宝贵的，总结出来，作为将来对自己的告诫，也要举一反三，不让自己再犯类似的错误。只有学会了如何回避失败，才能真正迎来成功。

■ 平稳发展时期需要反思

有一个词叫"温水煮青蛙",青蛙就在温暖的水中逐渐被煮死了。想一想,是不是有很多企业也像一只躺在温水中的青蛙一样,外界环境温暖而舒适,一切看起来都那么惬意,于是放松了警惕(对市场的),也解除了戒备(对对手的),待到发觉水温增高(外部环境恶化),自己需要做出改变之时(创新或割断),才意识到肌肉(企业的整体活力和发展潜力)已经很弱甚至消失了,想要跳出逐渐沸腾的水域(越来越恶化的环境)已经没有可能了,只能眼睁睁看着自己死掉。

因此,在企业处于平稳的发展时期,绝不能放松大脑里紧绷的弦,即便做不到时刻反思,也应做到经常性反思,思考企业的现状和企业的未来,也思考对手的发展状况。这样做可以让企业的经营管理者保持敏锐的分析能力和洞察能力,如果外界有什么风吹草动,都会及时发现,及时采取应对措施。

6.4 保持竞争意识,不满足当下

"物竞天择",这是英国生物学家查尔斯·达尔文告诉我们的,但这也是达尔文经过常年观察,对大自然的总结。

我们只看到鹰每次都会带着仅有的一个孩子飞翔蓝天,就认为鹰每次只生一只雏鹰。然而事实是,鹰每次会生下两三只雏鹰,但在出生的几天内,最先出生的也是最强壮那只,会将其他弟妹推出窝甚至直接啄死。虽然很残忍,但目的是只让自己活下来,这是鹰的生存法则,也是大自然的选择。

在商界的洪流中浪遏飞舟的企业们，其境遇也与雏鹰相差无几，市场就是喂食的"老鹰"，每个企业都是一只嗷嗷待哺的"小鹰"，企业虽然面临的就是优胜劣汰的环境，为了让自己从险象环生的环境中获得"食物"，确保自己生存下来，方法只有一个，就是竞争——主动的发起竞争或者被动的参与竞争。没有企业能逃离竞争的能量圈，不敢竞争、不去竞争、不屑竞争的，最终的下场只有一个——陷入"饥饿的困境"，最终被饿死。

大名鼎鼎的硅谷，其实只是个小小的弹丸之地。陷于其中的公司，每时每刻都要面临异常激烈的竞争，稍微有一点松懈和犹豫，就会被其他疯狂强势的对手挤出局。一位在硅谷打拼了十年的信息公司的职业经理人说："硅谷有一个非常残酷的竞争机制，想要在这里生存发展，企业必须具备极强的竞争意识。"在硅谷的企业管理者，无不重视持久性延续管理者与员工的"竞争"观念，培育企业上下整体的竞争意识和竞争激情，并在竞争中提升企业的作战能力，保持随时能参与高水准的竞争的能力。

■ 提升速度才能保持竞争中的优势

最近的二三十年，恐怕每个人都对时间观念有了全新的认识，很多生意在以分秒来计算服务的质量。就像外卖骑手，要在最短的时间内将用户所定的食物送达，因此我们看到很多手捧餐品狂奔的小哥小妹。没办法，时间就是他们的生命。

其实，这种对时间认识的逐步改变，与预示着企业的竞争开始提速，谁抓住了速度，谁就走在了竞争过程的前面。所以，思科CEO约翰·钱伯斯说："新经济时代，不是大鱼吃小鱼，而是快鱼吃慢鱼。"就像硅谷中的企业，自成立之日就面临白热化的竞争，谁都不想成为

"慢鱼"被别人吃掉，都在拼命开发新技术，挖掘新玩法，但留给他们的时间之尺仍然很短，随时都有被赶超的可能。

比尔·盖茨深深地了解这一点，因为微软也是经历过这些极速竞争后，才得以存活下来的。20世纪80年代，微软还是家不太大的公司，当知道竞争对手莲花公司在"莲花1-2-3"的基础上，正在乘势为"麦金塔"电脑开发一款名为"爵士乐"的软件后，盖茨决定要超越莲花，更快地推出世界上最高速的电子表格软件——定名为"超越"。

在整个设计过程中，盖茨紧紧地盯住莲花的研发进程，唯恐"超越"变为"超不越"。在盖茨和全体员工的共同努力下，"超越"首先吹响了胜利的号角，比"爵士乐"提前五个星期问世。别看只是区区不到40天的差异，却决定了两者的命运。

在1987年的市场报告中，"超越"以89:6的悬殊比分狂胜"爵士乐"，莲花公司见"爵士乐"已经无法再奏响了，只好宣布无限期搁置。

比尔·盖茨带领微软主动求竞争，就是极具竞争意识的体现。不能等到对手打上门来，或者无路可退的时候才去竞争，而要在对手尚无防备的时候就展开竞争，再借助速度的优势，一举赢得竞争。

■ 为企业找到可以竞争的对手

对于"鲶鱼效应"恐怕都不陌生了，一大群被打捞的沙丁鱼困在狭小拥挤的空间内，没有生存的希望，但放入一条天敌鲶鱼进去，却让它们生存了下来。这种生与死的变化，本质不在鲶鱼，而在于鲶鱼是沙丁鱼的天敌，天敌就是竞争者，有了竞争者在身边，沙丁鱼就会打起精神。

对于企业而言，也需要竞争对手的存在来让自己打起精神，如果放眼一望，竞争者都不见了，对企业来说反而是非常危险的。所以马云说："我最怕的就是，拿着望远镜都找不到对手。"当很多人在为企业没有直接对手而兴奋时，马云却在为同样的情况而焦虑。这就是顶级企业家与普通创业者的区别，说直接一些，是思维的区别，也是境界的区别。

多年前，一家云南的家具公司，在连续几年赚到大宗利润后，董事会成员竟一致反对将利润进行再投入（改造生产技术，提高竞争能力），而是以冠冕堂皇的理由——未来的形式尚不清楚，而且我们也没有什么对手，先把利润分掉，将来再说。

一句"没有什么对手"加上"将来再说"，就决定了这家公司的结局。当竞争对手猛然出现在眼前时，毫无抵抗能力，一个回合就败下阵来。其实，竞争对手是如此突然的出现的吗？当然不是，竞争对手已经存在很长时间了，只是企业因为自身的强大和对手的弱小而选择了"忽视竞争者"的做法。难怪经济学有句话这样说："在所有的竞争中，不存在被对手击垮的问题，只有自己击垮自己。"忽视竞争对手，等于丧失了竞争的意识，而竞争是发展的动力和源泉，没有了动力和源泉，企业的未来自然无法得到浇灌。

其实，当企业真的在某个领域内强大到没有对手时，正确的做法是为企业找到可以竞争的对手，可以采用以下几种方式：

第一，去行业外寻找。

在自己的行业找不到对手，就去行业以外吹吹冷风，让自己保持头脑清醒。很多人都说腾讯疯了，什么行业都想插一脚，其实我认为腾讯的做法是对的，在自己的领域内已经是"独孤求败"了，若一成不变很容易精神松懈，涉足其他领域，就会让腾讯看到差距，有了差距就有了追赶的乐趣，也有了竞争的动力。

第二，在本行业内培养一个对手。

这是"养虎为患"的一种做法，养了这只"虎"，一定对企业有威胁，但不养这只"虎"，企业的危机会更大。正所谓"虎狼之侧，岂容他人酣睡"，有一只虎视眈眈的老虎，自然就会保持清醒状态。而且"养虎人"还可以与"虎"形成良性竞争关系，最终达到彼此成就的目的。

第三，在公司内部形成竞争。

如果不想养一只游荡在外面的危机重重的"虎"，还可以在公司内部孵化出一只可以控制的"虎"，通俗的说法是通过孵化下属企业，给"宗主企业"提神醒脑，如果"宗主企业"打盹甚至入眠，下属企业可以取而代之，这也利于企业间的良性淘汰，适者生存。

6.5 不断求新，始终保持领先一步

不可否认的是，各行各业如今都处于不断的变迁中，求新、出新、更新、革新……已经是企业的必修课。哪家企业如果几天不想要出现产品，出新的服务形式，就会面临会赶超淘汰的风险。

进入2018年，在汽车领域最让人关注的就是"无人驾驶"。百度董事长李彦宏已经率先坐上了这种汽车，在道路上实现了"变形金刚"的梦想。其实，谷歌在几年前就已经开始研发无人驾驶，新任的谷歌总裁桑达尔·皮查伊说："无人驾驶汽车正在内燃引擎与搜索引擎的交叉路口等候。"

在等候什么？当然是等候一个可以一举取代传统汽车的机会。因为无人驾驶汽车的软硬件都是全新的技术，对于驾驶人来说更是前所未有的改变，如果全面投放市场，无疑将开启一个新的汽车时代。

像这种以新替旧的状况，在竞争残酷的商界每时每刻都在上演，有些是大战役，有些是小战斗。比如，苹果的iOS、谷歌的Android已经让微软的Windows Phone、黑莓的BlackBerry OS、塞班的Symbian靠边站了。再比如，M-Pesa、Stripe和PayPal等支付公司正在考验银行保险箱的安全锁。

如果你是一家汽车制造商、一家金融机构或一家手机制造商的管理层人员，还没有开始担心行业间曾经分明的界限已变得模糊的话，只能说明你太糊涂了。

然而，企业界那些故步自封的人却仍在发表诸如"我不想看到任何意外"或"在你找到解决方案之前，不要跟我提出问题"这样的言论。这种现象提醒人们，企业界存在着一些自满情绪。而那些不断求新的人，正在用实际行动一次次打破自满者的美梦，谁今天自满，谁明天就会自悔。现实就是这么残酷，在自满与求新之间，你要毫不犹豫地选择求新，哪怕现在看起来一切都很好，好到春光灿烂、阳光明媚，还是要求新，必须要确保企业的每一步都走在别人的前边，企业才能长青下去。

■ 打破当下的经营理念

适用于当下的经营理念，可以说都是正确的。但这不代表可以高枕无忧，一切今天看起来高高在上的理念、观点、方法，或许几年以后就成了过时的东西。

比如，今天谈企业竞争力就和十年前、五年前谈论的企业竞争力完全不是一个概念。十年前谈的企业竞争力，一定会关注到规模、成本、品质，这些看得见也摸得着的参数。但五年前谈论的企业竞争力，则一定会关注到创新，创新能力成了最能决定企业发展的要素。可是在今天谈论企业竞争力，关注的焦点移动到了企业未来的能力上，一个企业如果没有打造出能塑造未来几年竞争力的能力，这个企业将很快被淘汰。

看到了吧，企业竞争力在十年内经历了三次根本性的变化，其变化的基础源自能否打破现存的经营理念，若能打破，则说明企业具备面向未来的竞争能力；若不能打破，企业必将在当下经营理念过气的同时被市场抛弃。

经营理念的打破应该是呈螺旋式上升的（见图6-4）。就是当下的经营理念是由几年前打破后而确立的，未来几年的经营理念是由当下打破后而确立的。这种方式决定了企业拥有自我驱动的能力，又不会因为要兼顾自驱而盲目追求速度。

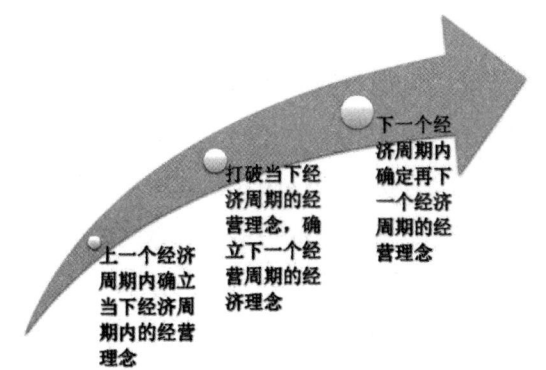

图6-4　企业打破当下经营理念

今天更重要的是面向未来。企业的经营者一定要在当下对所有的经营要素重新构建，拥有构建未来的能力。

■ **打破当下的生活方式**

亚马逊总裁杰夫·贝佐斯是世界上最富有的人之一，因为亚马逊的市值庞大。不可否认，财富是可以说明问题的，因为得到了用户的认可，所以企业有了价值，企业的管理者拥有了财富。

为什么亚马逊会得到消费者的认可，按照贝佐斯的话说："亚马逊回答了人类未来生活的基本方式。"

记住关键词了吗？就是"未来生活的基本方式"。

放眼看所有获得极大成功的企业，都是能够融合人类未来生活的基本方式，亚马逊是这样，阿里巴巴是这样，微软是这样，甲骨文也是这样……总之，这样的企业是不太可能有不增长的情形的！

亚马逊从上线的那一天起，就瞄准人类未来生活的基本方式，没人愿意买东西还要找收银员来结账，没人愿意找不到商品还要去问理货员，只要你来亚马逊网站就可以了，只要你去亚马逊的无人超市就可以了。

现实就是这样，企业如果瞄准的是人类未来生活的方式，而且还涉及人类生活的刚性所需，企业想要不成功都很难。所以，作为企业的管理者，要勇敢地率领企业的战舰打破现有的人类的生活方式，用感官上最刺激、使用上最舒服、对传统冲击最大的方式给企业寻找向未来发展的出路。

■ 打破当下的产品结构

如果一个企业在当下拥有很好的产品结构，还有必要去打破吗？如果你回答"不需要"，那么恭喜你，你可以永远宣告脱离创业者行列了，因为你不具备让企业生存下来的创新精神，更不懂得让企业为了生存自我驱动前行。

打破企业当下的产品结构，等于自己否定自己，甚至自己推翻自己。但这种否定和推翻是有必要的，因为只要不断产生新产品，企业才能一直被用户认可下去。

我们都知道，华为的增长是非常强劲的，但华为的增长源头来自哪里呢？毫无疑问是创新的能力，一直在创造。而且，创新全部来自主动，也就是说是企业内部自行进行的创新。

在华为，你永远听不到管理者和员工讲过去，华为人只讲未来。早在十几年前，我去华为看研发，那个时候市场上盛行的是2G，下一步的研发是3G，最超前的人也只是偶尔地畅想下4G，但华为人在讨论5G——今天看起来很正常，当初看起来很变态的概念。当初华为还没有开始做手机，但给人的感觉就是，如果华为做手机一定很厉害，今天华为手机的影响力大家是有目共睹的。

这就是打破当下产品结构的意义，将现在正流行的看成是必将被淘汰的，然后研发出能够替代当下产品的高端产品，企业必将占据竞争的制高点。

6.6 在问题中找到自驱路径

企业在经营过程中出现问题是很正常的，如何迅速找到解决问题的办法，如何将问题的影响降到最低，如何让问题不再重复出现？这些都考验着企业面对问题时的处理能力和运作能力。

其实，在出现问题后，往往有四种境界的解决方式：低境界是只针对问题去解决，将问题扑灭为止；中境界是解决当下问题的同时，还顺便防患了其他可能出现的问题；高境界是既解决了当下的问题，又防患了未来可能出现的问题，还将问题的危机转化为对企业有利的"正面事件"；顶级境界则是，实现了上述三种境界后，还能借助对问题的解决，形成一种推动企业前进的自驱路径（见图6-5）。

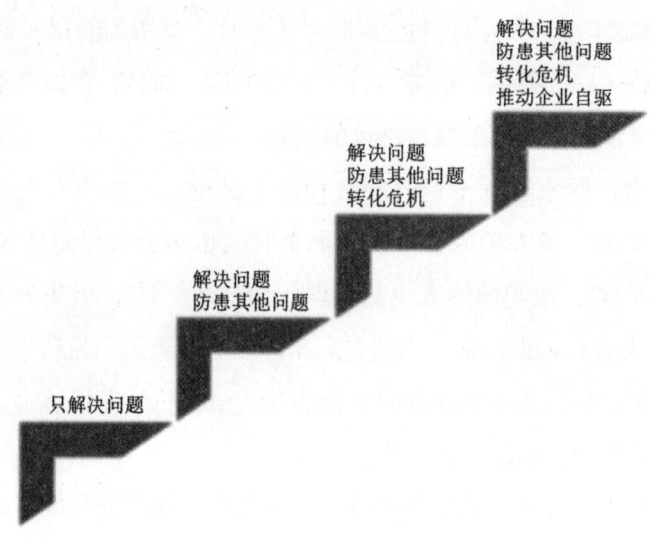

图6-5 问题出现后解决的四种境界

2004年底,世界零售业巨头沃尔玛遭遇了一次重大危机。被环保主义者攻击为是"环境的敌人",因为沃尔玛的碳排放量巨大,严重超过了世界环保组织规定的企业级的环保排放标准。

面对这样的指责,沃尔玛有两种选择:第一种是采用公关和法律的手段予以反驳,公司照常经营;第二种是采取自查和环保策略,努力转化公司形象,并成为可持续发展的"排头兵"。

前一种策略可以让公司保持低成本竞争优势,并很可能尽快摆脱这次危机(毕竟大公司的公关和法律措施是很强大的),但公司声誉可能受损;后一种策略势必会增加公司的经营成本(资金、时间、精力),使公司在短时间内失去竞争优势,而且摆脱危机的时间也会加长(因为前期要任由危机发酵,后期才会见到成效),但可以从根本上解决公司存在的问题,更重要的是可以为公司赢得声誉,对公司的长远发展大有裨益。

面对这样的局面,沃尔玛的内部也产生了两种声音,一部分高层希望采取第一种方式,将企业的成本降低,照常运营。但另一部分高层却坚决反对,认为企业想要持续下去,必须彻底解决危机,不能得过且过,那样是在自欺欺人。

有没有一种方法既能降低公司的成本,又能对外消除这次危机呢?沃尔玛CEO李·斯阁最终决定采用"整合性思维"。所谓"整合性思维"是指一方面依靠对供应商的影响力压低成本,另一方面对企业的环保问题进行大力度改造,并对企业中隐藏的其他环保方面的问题进行挖掘,最终形成一套企业自我驱动的良性发展路径。此举创造性地解决了经营和环保无法并存的矛盾。

为了更加清楚地了解"整合性思维",下面对整合方案进行归纳总结:

■ "双下注整合"——采用对企业最有利的那种模式

"双下注整合"是建立在有两种模式可选择的基础上。其中一种模式的优点众多,却隐含了一个很大的缺陷,而另一种模式有一个重要优点,但不乏有许多小缺陷,此时,需要在两种模式中选择一种更为合适的模式(见图6-6)。

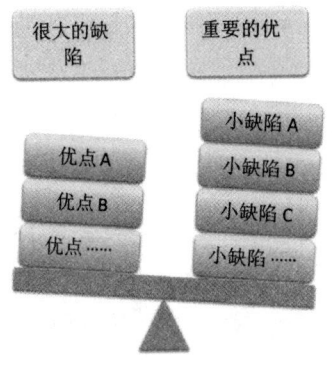

图6-6 "双下注整合"的两种模式基础

但究竟该选择哪一种模式，成了一个难题。一种优点大，缺点大；另一种缺点小，优点也小。此时，就需要考虑"双下注整合"，将两种模式的优势和缺陷整合起来，看看哪种模式的优势更大，就采用哪种模式。

沃尔玛解决环保危机就是采用的"双下注整合"。公司的高层在分析了可采用的两种模式后，最终由CEO决定只采用第二种形式，不仅要积极解决已经暴露的环保问题，还主动检查公司内部的其他的环保相关问题。这种做法渐渐得到了认可，重新获得了消费者的信任，为企业信用的进一步提升起到了推动作用。

■ "分解式整合"——将两种模式的优势整合到一起

有些时候，某一种模式的优势相对更大一些，也更利于企业的发展，可以单独采用一种模式。但有时候两种模式都很有吸引力，都对企业有很重要的优势，如果能两者兼顾，对企业的发展更为有利，这时应该怎么办？

比如，在企业授权的过程中，管理者希望能既享受到集权的益处，同时又获得分权带来的灵活性。这是一对矛盾体，集权就会干扰分权，分权就会影响集权。为了创造性地解决这一矛盾，决策者必须对问题本身进行深入思考，将问题分解成各个部分，以便每种模式都可以在局部得到充分运用（见图6-7）。

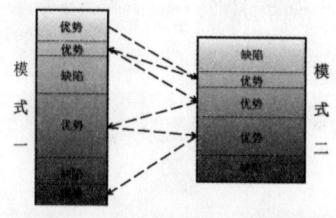

图6-7 "分解式整合"的运用

为不发达国家生产和提供药品历来是难题,联合国委派葛兰素史克制药公司解决此问题,葛兰素史克的项目负责人邦德拉·黑尔就采用了这种方案。

首先,他将药品的研发、检测及供应分离开来;其次,利用发达国家大型医药公司放弃的"孤儿药物"来治疗不发达国家的高发疾病;最后,通过公共健康模式来检测和供应药物。如此一来,既可以利用大型医药公司的研发机制,又无须承担高额的研发成本和测试成本。

■ "宝藏式整合"——两种模式"择优录取"

两种模式,能选其一的,选其一;能融合的,可以融合。但还有一种情况,两种模式,优劣参半,不能选择其一;又相互对立,不能进行融合。这时候应该怎么办?

正确的方法是"择优录取"——即从两种模式中发掘出对解决问题有助益的核心元素(放弃对立模式中的其他元素),并将这些核心元素进行组合,完成任务的过程就围绕组合进行。这种模式就如同打开了"隐藏的珍宝",为自己打造一种全新的模式(见图6-8)。

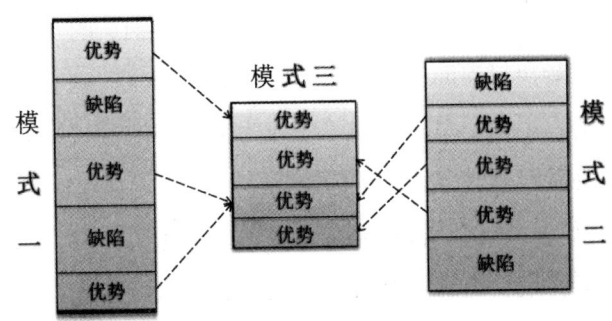

图6-8 "宝藏式整合"的运用

为非洲的黑人青年创办大学是一项艰巨的任务,但为了非洲大陆的未来，世界上很多大学和企业还是要做这方面的工作。

英国剑桥大学与UKCN教育集团联合做这项攻坚。大学通常分为两种类型：一种是传统大学，各种资源都很优秀，学习环境优异，采用面对面教学，但学生需要付出的费用高昂；另一种是函授类大学，可以覆盖大量社会人群，形成足够的规模化，但教学的各种资源缺乏，学习环境也不好，不过费用低廉，时间灵活。

UKCN教育集团的项目负责人特迪·布切结合了这两种模式的核心元素，创立了"CIDA城市校园"的全新模式。学生在这里边工作边学习，不仅降低了学习的支出，还加强了学生的社区参与度。但在毕业后，学生们需要在经济上回馈学校，正如他们曾经获得别人的资助一样，他们也需要向未来的学生提供资助。

6.7 允许犯错，在试错中不断成长

任何一家企业在成长的过程中都会犯错误，超级企业只是因为顺利解决了这些错误而让自己变得更加强大，而那些消失的企业无一不是因为没有能顺利解决错误而走向死亡。因此，"错误"这个词怎么看来都是让人战栗的，因为一旦沾上就可能成为其狰狞的牺牲品。于是，大多数企业都在拼命回避这个词，越远越好。

但是，总有一小部分特立独行的，不但不远离错误，还主动挑战错误，去尝试犯错误。这种行为被称为试错，个人可以施行，企业也可以施行。

现在就来看看，为什么要挑战错误？试错有哪些好处？

试错一定是主动的，主动靠近错误，主动发起错误，主动尝试错

误，主动分析错误，最后再主动改正错误。都说失败是成功之母，同样的，错误也是成功之母。

主动试错能为企业带来三种好处：

第一，主动试错有助于了解错误的危害。错误一旦发生，对企业的影响往往非常大，想要消除这种坏影响通常要付出巨大的代价。那么，如果预先在不重要的时间进行尝试，先知道了怎样做会产生怎样严重的后果，一些错误的行动就会被避免。

第二，主动试错有助于提前发现潜在的错误。有些错误的行动隐藏在正确的行动中，随着正确行为的深入而逐渐暴露出来，可是那时再去解决，错误就会被养到很大了，进行修正会对企业产生伤筋动骨的坏影响。

第三，主动试错有助于找出最正确的方法。错误与正确是对立的，如果提前了解了错误的方法，并排除掉，给正确的方法让出空间。

总之，主动试错是企业通过设计近似于现实场景的测试情境或在局部真实环境下，对其新创产品、商业模式等进行前期测试，以发现可能存在的潜在错误并进行持续改进，从而降低企业运营风险的学习行为。

■ 企业文化要融入鼓励试错、宽容失败的元素

试错——出现在很多经济管理学中的概念，受到很多经济学家和管理学家的推崇，认为企业要发展，就一定要形成试错的氛围、具有试错的机制、宽容试错的文化。但在实践中，真正能做到从容试错的企业并不多，毕竟错误总会给企业带来损失，哪怕是主动的试错，企业依然会遭受损失，这是利益至上的商业竞争环境下很难接受的状态。

但是，企业不敢试错，并不代表错误就会远离，越是怕犯错，就会对错误形成规避心理，防御性会渐渐降低，终究会迎来错误的那一天，

而这样被动性的错误出现后,给企业的打击将是致命的。

因此,试错成了很多大型企业必有的一个环节,所谓"宁可在训练中受伤,也不在战斗中丧命"。那么,怎样在企业内部建立试错性的文化呢?

首先,企业的领导者要改变观念。尤其要改变"主导型逻辑",比如很多领导者只愿意听到成功的消息,不愿意听到错误和失败的消息。但是企业不可能长盛不衰,有兴就有落,要勇敢且从容地面对不好的消息,因为失败和错误往往更能带来有价值的信息。

其次,企业的运营要防止惯性阻力。当企业运营进入惯有的节奏中,就会丧失试错的意识和勇气,必须要打破"休眠状的节奏",让企业的肌体重新活跃起来。

最后,企业要有鼓励员工主动试错的机制,奖励发现重要潜在失败可能的员工,使员工勇于发现错误、敢于公布错误。

■ 要在企业内部建立试错机制

在动物界有一种很残酷的现状,就是在集体遭遇危机时,集体中的一部分成员会主动献出生命来保大集体的存活,这在生物界中被称为"个体的死亡成就种群的延续"。

虽然做企业不是通常意义上的你死我活,但站在竞争的角度上看,就是一种你死我活的较量,我活了,就一定会有对手死亡。如何保证企业能长久地存活下去,可以借鉴动物世界的经验——"用小单元的死亡,成就企业的前进"。

什么是小单元的死亡?

首次提出这个概念的是碳云智能的创始人王俊,他说:"企业必须划小,形成试错小单元。如果你不做这件事,你的企业就会成为那个试错的单元。"

的确,只有形成内部试错才会让企业延续。作为企业的领导者,应该在企业的内部机制上下功夫,让它形成试错单元和试错机制。

试错单元往往是很小的单元。划小的本质不在于划小,在于试错。尝试性去进行错误试验是不需要很多人的,只需要将未来的任务展开,去观察其错误的概率即可。而且,小的单元可以更多地分布,很多的单元会出现很多的失败,那些失败的就是试错的成绩,也一定会有成功的,这些成功的就是企业未来转型的方向。当然,这种试错时得到的正确选择未必是最终正确的选择,但最起码给企业提供了一个方向。

试错机制一定要围绕试错单元存在,用以保障试错单元对于试错工作的顺利进行,若发现有某些机制不利于试错单元的试错工作,就要及时处理。

总之,企业内部建立起试错机制,会让企业更有活力低延续下去。企业必须要做这件事,否则整个企业都会沦为行业试错的那个单元。

■ 快速试错,快速复盘,快速迭代

试错一定是个快速的过程,因为商业的竞争瞬息万变,今天发现的好点子,若不尽早行动,几天以后就会落后于对手。可见,试错是要为企业的发展提速的,速度不够反而成了累赘,就是试错成功也没有用了。

在"互联网+"的时代,产业和技术环境使快速试错、快速复盘、快速迭代成为可能(见图6-9)。

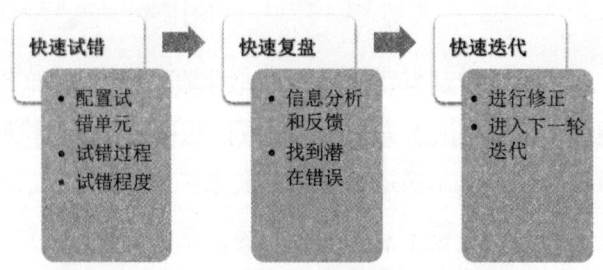

图6-9 快速试错、快速复盘、快速迭代

第一步:快速试错。在进行试错的单元配置上一定要快,试错的过程也要快,能少用时间就绝不多用,试错的程度以"点到为止"为宜——只要试出来错误就可以停止了。

第二步:快速复盘。在试验出错误后,企业要进行快速的信息和知识反馈,除了已经试出来的明显错误,还应找到那些可能导致新产品、新商业模式失败的潜在错误。

第三步:快速迭代。在找到显性和隐性错误的基础上,对原产品的设计和商业模式进行修订,以新版本代替老版本,进入下一轮迭代。

在每一轮试错迭代中,企业不必追求完美,但求不断发现新的问题和错误,并迅速分析、求解,以获取和积累新知识、新经验。多轮主动试错迭代的过程,同时也是企业产品和商业模式日趋完善和成熟的过程。

■ 平行试错和平台试错

所谓"平行试错",是指同时展开两组或多组试错的过程,对象可以是某项新产品,也可以是某种新的商业模式。

平行试错的优点是能够对试错的结果进行分析比较,发现哪些错误具有共同性、哪些错误具有差异性,从而加深对错误的理解。平行试错的缺点是会给企业带来更多的成本负担,而且延长试错的时间和之后分析的时间。

如果一项新产品或商业模式投放市场的迫切程度很高，没有时间通过一组试错来发现存在的潜在错误，而只需确保成功率，就可以加大投入力度，进行平行试错，来缩短试错的时间。

一字之差的"平台试错"又是怎样的概念呢？是企业需要先建立一个试错的平台，让各种创意在平台上滚动接受检查。

比如，通用电气在2013年建立了FastWorks平台，启用3500名员工测试500多个新项目，要求90天内完成；可口可乐成立"试错大会组织"，有1000多名员工在其中测试各种样品；万事通卡则建立"创业加速器"，开放自身的交易大数据，鼓励外部的创业者来给公司"挑毛病"；国内网络三巨头的B-A-T，都在硅谷设立了风险投资的试错平台，对硅谷50家新创业的公司投资了近23亿美元，以提前为占据国内的"互联网+"市场进行卡位，力争拿到杆位发车。

6.8 变革日常化，创新不是偶然行为

如今谈到企业的变革，人们感受最深的是"日常化"，就是每隔一小段时间，企业内部就会进行一些变革，而且往往是主动产生的。

请注意关键词——"主动"。相当多的企业也知道生存离不开变革，但却给变革加上了太多的框框，因此无法跟上时代的步伐而被甩下"时代列车"。对于商场竞争来说，赢家只属于那些勇于变革、善于驾驭变化的企业。

美国组织理论家、斯坦福大学教授詹姆斯·马奇指出："人们经常说组织是抵制变革的，但实际情况是：组织经常发生变化，也容易发

生变化，且变化具有响应性质。只是组织的变化不能随心所欲地加以控制，组织很少严格地按照指示行动。"在他看来，组织既不僵化，也不顽固，而是富有想象力的。

正如马奇所说的，人们总是误解"变革"，认为变革是艰难的，是需要强力推动才能实现的。其实，现实正相反，变革总是在不经意间主动就发生了，而个体或者组织因为种种原因阻挠了变革的发生，然后回过头来埋怨变革太难。这种情况在历史上有过无数的案例，小到个体，大到国家，总有在某个时间点上变革很困难，令人痛苦，但如果将时间拉长，会发现变革发生得如此之大，如此频繁，以至于我们在某些变革到来时经常措手不及。

可以这样认为，变革的力量一直都在，也将永远存在，只是在传统思维与组织形态下被抑制住了而已。如今，时代已经进入一个需要经常变革，不变革就无法生存的阶段了，所以，我们要释放变革的猛虎出牢笼，让变革更有力量。

■ 拥抱变革，视变化为机会

有A与B两家公司，在同行业中展开竞争。A公司老板致力于埋头发展，B公司老板经常抬头看路。行业的变革说来就来，A公司老板也嗅到了气味，但因为企业发展到关键阶段，冲一步就可以攀上一个台阶，如果开始变化就要停下来等待，非常可惜，所以他决定度过这个阶段再进行变革。B公司老板面临同样的选择难题，但他决定与变革牵手，先进行变革，再进行发展。

两种选择造就两种结局，两年后，A公司陷入了经营困局，步步艰难，再想变革已经没有了能力，也没有了市场。B公司变革成功后，经过短期阵痛就迎来快速发展，很快越级两个台阶，已经开始布局上市。

由此可见，A公司老板就是传统的管理者，关注如何充分利用资源达成目标，将变革视为干扰和障碍。而B公司老板则是现代企业的管理思维，将变革视为机会，积极参与变革之中，以拥抱变革、创造变革为企业发展寻找机会。

未来的企业要在"利用"和"探索"这两类活动之间，有意识地增大后者在组织活动中的比重，在战略目标设定、组织结构、绩效考核、人才选拔等方面充分地体现出来。

记住："利用"会错过"变革"，只得当下；"探索"会发现"变革"，赢得未来。

■ 欢迎异议，创造异议空间

通常情况下，人们本能地喜欢赞同、肯定，不喜欢被反对、被异议。但这种心理正是企业家所必须克服的，管理需要不能"一言堂"，需要群策群力，需要博采众长，因此必须要给予意见发声的机会。

在这方面，华为的认识和行动远远超过其他企业。一方面，华为以重视企业核心价值观闻名；另一方面，任正非又特别看重"自我批判"。

这是看起来矛盾的两个方面，但任正非在其所著的《华为的红旗到底能打多久》中这样解释："一个企业长治久安的基础是接班人承认公司的核心价值观，并具有自我批判的能力。"因此，两者并不矛盾，承认公司的核心价值观与自我批判是相辅相成的，只有承认公司的，才能在进行自我批判时更加贴合企业的价值观，而自我批判的正确，可以帮助个体更清晰地承认企业的核心价值观。

为了落实"自我批判"的行为，华为创造性地设立了"蓝军"（军事演习中的"蓝军"担任敌方，华为的"蓝军"也是企业的敌方）。

"蓝军"的职责就是挑毛病，指出公司的各种不足，找到打败华为的各种方法，按照任正非的说法"不怕方法荒唐，就怕想不出方法"。

一次，"蓝军"发声针对任正非关于"《人力资源管理纲要2.0》讲话"进行狠批，言辞尖锐，如"任总过于强势，指导过深过细过急""任总强调聚焦的多，'收的'多，对一项新技术、新事物，在没有看清楚之前否定的多"等。

这在其他企业中是难以想象的，因为这将给企业管理者带去很大压力。任正非也知道培育这样一支"蓝军"会让自己承受更多的压力，但他依然"纵容"这些"蓝军"，因为这是他在华为内部难得听到的反对之声。因此，对于树敌颇多的"蓝军"同志们，任正非的态度很明确，就一条：保护。他说："我们在华为内部要创造一种保护机制，一定要让'蓝军'有地位。'蓝军'可能胡说八道，有一些疯子，敢想敢说敢干，博弈之后要给他们一些宽容，你怎么知道他们不能走出一条路来呢？"

■ 提倡浓缩，划小演化单元

地球上生命的演化，看起来是每个物种的整体行为，但经过生物学的研究，发现生物的演化通常是某部分肢体的单独行为。就像因为地质变化被困于洞穴中的生物，渐渐地就成了瞎子，因为不再需要眼睛。这种变化的发生因为在局部，并不需要太长的时间。

大自然是相同的，在企业经营上，通过划小经营单元，可以匹配更明确具体的权、责、利，以突破组织的成长瓶颈。

其实，划小经营单元的意义不止如此，小的经营单元可以成为一个个小的演化单元。因为单元小，动转灵活，可以深入企业的各级组织，丰富企业的演化层次，组织变革得以在更多层次、更多地方发生，最终提高企业的生存概率。

第七章
寡头：打造市场洗牌剩下的"超级物种"

市场从来不是风和日丽的，会经常性地在人们有意识和无意识的时候进行洗牌。每一次洗牌都是血雨腥风的，被洗掉的成了别人成功的垫脚石，没被洗掉的逐渐成长为"巨无霸"，进而又演化为赢者无敌的"超级物种"。

7.1 未来的企业，只有寡头才能C位出道

企业在量级方面被分为多个等级，最小的是小微企业，最大的是寡头企业。如果将市场比作一棵大树（见图7-1）：

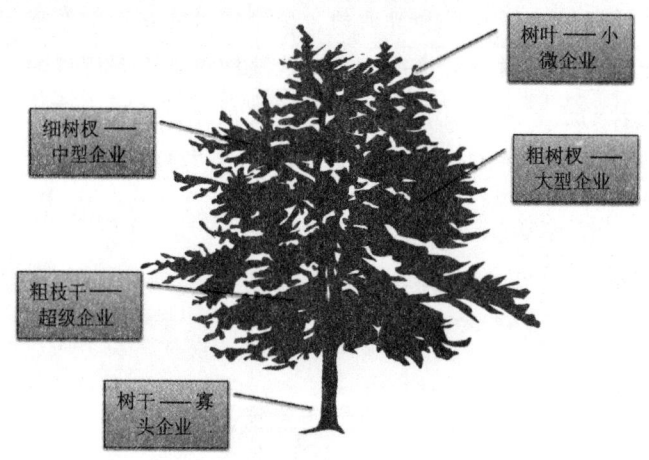

图7-1 大树的"独立成财"与企业的"C位出道"

一家小微企业可能连一片树叶都算不上，或许只是树上的一个嫩芽，有没有机会长成树叶是要看本事的。

中型企业可能只是最小的枝杈，承受力最弱，但总算是连接到树体上了，能不能熬过寒冬不脱落，要看能否尽快长得粗壮了。

大型企业就是粗壮一些的枝杈，难以被大自然的风霜侵害（市场环境），但有可能被剪枝的工人剪掉（市场洗牌）。

超级企业是连接到树干上最粗壮的枝干，几乎不会受到外界的任何伤害，除非是死于内部矛盾。但是超级企业仍然不是大树的主干，没有"独立成材"的机会。

只有寡头企业，也唯有寡头企业，才是大树的主干，才可以"独立成材"——也就是在本行业内可以"C位出道"。

人们一说，看那棵树真大，指的是这棵树的主干有多粗，有多高，然后才会看看长在其上的枝、杈、叶。

通过一棵树，我们初步了解了什么是寡头企业。经济学中对寡头企业的解释是，只有少数几家企业甚至是一家供给该行业全部或大部分产品，每个厂家的产量占市场总量的相当份额，对市场价格和产量有举足轻重的影响。但如今，对寡头企业的定义已经不限于销售额的多少，而是获得的利润。一个行业的"寡头"，有可能是一家，有可能是两三家，最起码获取这个行业利润的50%以上。

比如，腾讯旗下的QQ，在社交软件的行业里就是寡头型的存在，后来的微信仍然是寡头性的存在，只是后来的寡头代替了之前的寡头，实现了企业内的代际传承。想要与亲友进行互联互通，国内用户首先想到的曾经是QQ，如今是微信，只有少量的用户使用其他公司的社交软件，但仍然会以微信为主，其他软件只是辅助或者纯属是玩一玩的心态在使用。

腾讯在社交界就是寡头，占据着绝对的C位，是绝对的大咖，其他企业想在这个领域内存活，只能寻找残剩的微小市场。

■ 寡头企业更能禁得住打击，也更容易恢复

金融危机是商海沉浮中永远绕不过去的话题，往往这个话题成为主角时，总会伴随着狂风巨浪和血雨腥风。一家家曾经傲然挺立的巨人企业轰然倒下，一批批原本生龙活虎的企业瞬间死掉，一片片禁不住打击的中小企业就此终结。但有什么办法，在雪崩来临时，没有一片雪花是无辜的，也没有一片雪花躲得过，必将随着崩落。

不过，保持清醒的人仍然看到那些最难以撼动的"寡头"们总能在艰难中挺过来，就像美孚石油、福特汽车、可口可乐这些老牌，苹果、微软、麦当劳这些新贵，都已经经历过大小N次的金融危机，却依然是业内龙头。

最近一次的金融危机发生在2008年，全球经济经历了一波超级震荡后，仅在第二年以互联网、消费等领域为首的龙头企业就渐渐恢复了，之后更是市值持续上升。因此，2009年的主题就是股市上全球领头羊企业的上涨。从2009年到2016年的第一波上涨中，市值排名全球前100名的企业中：消费服务型企业涨幅193%，科技型企业涨幅187%，消费品企业涨幅136%，医疗保健企业涨幅134%，金融企业涨幅109%。

而且，各行业内的支配者和占据大量利润额的"寡头"企业将在很长一段时间内保持稳定和持续上涨，这也是为什么这样的企业更多受到投资者欢迎的最合理的解释。

■ 寡头企业的产品更容易被消费者接受

无论是在范围上，还是在规模上，行业"寡头企业"都占据着绝对的优势。这种优势体现在企业的被认可程度和产品的被认可程度上（见表7-1）。

表7-1　寡头企业与非寡头企业在企业和产品的被认可程度上的对比

企业规模类型	企业被认可程度	产品被认可程度
寡头企业	★★★★★	★★★★★
超级企业	★★★★	★★★★
大型企业	★★☆	★★☆
中型企业	★☆	★☆
小微企业	☆	☆

该表中，实心的五星为肯定，空心的五星为半肯定半怀疑。

寡头企业连同自己的产品是被消费者认可度最高的，可以说是"零怀疑信任"，也就是绝对信任。

比如，我们都知道碳酸饮料并不健康，过量饮用会对人体造成伤害，但两家生产这样产品的企业——可口可乐和百事可乐，依然占据全球饮料市场多一半的销售额，分别达到了400亿美元和600亿美元。无疑两位"可乐兄弟"是饮料市场的寡头，有无数的拥趸，哪怕是不健康的，也不妨碍人们对它们的喜爱，就像一位粉丝说的"少喝呗，但就是喜欢这个味儿"。在众多粉丝的力挺下，两家企业的业绩依然在增长。

别的饮料类企业应该怎样反映呢？或许你会说"我产品好就行，自然有人会认同"，道理是这样，但如此庞大的市场，琳琅满目的饮料，大家有时间思考哪个厂家的产品品质好，哪个企业的饮料对身体无害呢？其实大部分人对产品的接受度，都依赖于对企业的接受度，而对企业的接受度则来自企业在行业中的地位。

7.2 步骤一：找到行业细分和区域突破点

阿里巴巴在成立之初的几年对于国内电商市场几乎是垄断的，虽然有一些挑战者，但都因为自身的种种原因而败下阵来。在相对顺利的环境中，阿里巴巴一步步发展成了国内电商的寡头企业，甚至一度挑落国际电商霸主——亚马逊。但随着行业细分的逐步成型，电商行业也在不断的细分中出现了众多小寡头。

比如，以家电起家的京东，迅速以品质保证和相对的优惠在横扫家电细分行业之余，也对其他领域展开供给，最终站稳了脚，成了新的寡头之一；而唯品会在品牌服装折扣的细分行业内战胜了一众对手后，成了电商领域的另一支重要力量；拼多多是最近两年最火的电商平台，其对低端市场的全面纳入成为它迅速崛起的主因。

京东、唯品会、拼多多之所以能在"绝对老大"的眼皮底下成功突围，靠的就是对行业细分的把握。寡头是对行业有绝对的话语权和掌控权，但不一定有绝对的控制权，毕竟一个大行业下面能够分出的支脉太多，而且随着时代的前进，会逐渐衍生出更多的分支。众多的分支总有寡头无法照顾到的地方，就成为其他企业突破的重点。

行业细分一定有一些特点和标准，来帮助我们考量哪个领域更适合，哪些做法不符合这个领域。做行业细分获得成功的三个标准：

■ 第一，生活中的刚性需求

就是人们的生活中离不开的东西，必须要使用。曾经更多是实物性产品，如大米、电灯、电视等，离开一天都得让人抓狂；如今还可能是虚拟性产品，如Wi-Fi、流量、视频等，虽然无关生死，却能决定一个人的生活质量。

在做行业细分时，如果选择的领域不是刚需，想要被消费者认可就相对困难一些。唯品会选择从服装领域入手，衣食住行是人类离不开的；京东选择从家电入手，也是人类生活品质的保证；拼多多从低价市场入手，帮助低收入人群解决了购物消费偏高的实际难题。

因此，将刚性需求作为企业的突破点非常重要。记住：一定要是人们必须要用的，哪怕不是人人都需要的！

■ 第二，能产生高利润

什么领域更能产生高利润？我们不进行具体行业的分析，只用一句话概括：越冷门的行业越能产生利润。因为竞争小甚至没有竞争，竞争对手知道的不多，连用户知道的也不多，市场上没有多少可供比较的产品，当然就容易产生利润。

当然，冷门并不代表"极寒"。所谓"极寒"是市场上的绝对冷门，因为没有被需要的价值（见图7-2）。

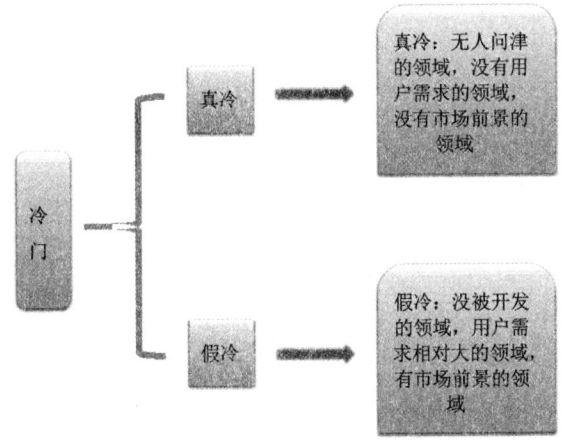

图7-2 产生高利润的"假冷门"

20世纪四五十年代，福特公司研发了一种防撞人设备，是在汽车前部保险杠的位置装入一个"防撞囊"功能，在要撞到人之前司机按钮，防撞囊弹出——类似叉车前边的大铲子，将行人装入囊内。设计得不错，想法也挺好，可就是不实用，汽车只在行驶缓慢的时候才有用，开快了行人撞在囊上会被弹出去好远，同样会有不测的危险出现，而且司机因为要按钮，多了道工序，也影响了注意力。后来，这项在研发之前被誉为"世纪大作"的产品仅仅在市场上宣传了半年就消失了。

因此,"冷"不能是特别"寒冷",而应该是在某个尚未被开发的新领域内研发新产品,以填补尚显"冷清"的市场。

有一个广告会聚了中国八大名茶中最具代表性的八位泰斗级制茶大师,包括西湖龙井制茶大师戚国伟、黄山毛峰传统制作技艺第四十九代传承人谢四十、中国普洱茶终身成就大师邹炳良等。对了,还有一款你应该想得到,就是小罐茶。一款从诞生就开始风靡的产品。为什么会大受欢迎?不是因为中国人平时喝不到茶,而是像广告说的"中国人喝不到大师的茶",小罐茶填补了这个市场,让大师作品成功进入寻常百姓家,而且非常方便。

在行业细分中找冷门,然后将冷门做热,再将热度追高,这就是小罐茶成功的原因,也是小罐茶利润的源泉。

■ 第三,有复购率的支撑

任何企业的生存都离不开复购,没有了复购,企业就只能是昙花一现。复购,顾名思义就是重复消费。一款产品有没有复购率,决定了产品的受欢迎程度,而产品的受欢迎程度,决定了企业的命运(见图7-3)。

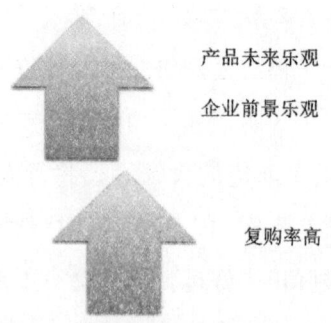

图7-3 复购率与产品未来与企业命运

为什么有人说化妆品行业利润大?除了成本与定价间的间距大造

成的利润大，还有复购率很大，女人一辈子都是需要化妆品来装扮自己的，现在男人也加入进来。于是，朗仕来了，世界首个男士化妆品品牌，由雅诗兰黛集团打造。随后欧莱雅男士应运而生，成了男士化妆品的领导品牌。

用户对企业的产品产生了信任之后，再加上企业本身的寡头性地位，会让用户更加信赖，就会一直购买，短的几年、十几年，长的会持续一生。这意味着什么？如果一家规模性企业有1000个这样长期的或者是终身的用户，就可以高枕无忧。听到了吧！仅仅1000个而已。如果有大量这样的用户，就会成为超级企业，甚至成为寡头企业。

7.3 步骤二：打造全新盈利点的商业模式

商业模式是商业经营中无法回避的话题，凡是成功的企业，必有一套成功的商业模式，凡是失败的企业，也必有一套失败的或是曾经成功如今失败的商业模式。

商业模式是企业与企业之间、企业与部门之间，乃至与用户之间、与渠道之间存在的各种各样的交易关系和连接方式。选用怎样的商业模式，就等于给企业选择了怎样的未来。

商业模式能否长久存在，非常重要的标志就是盈利，用最通俗的话说，能盈利的就是好模式，能长久盈利的就是很好的模式。

好的商业模式往往都来自结合对手企业和企业自身现状的创新，也就是说，企业不能完全照搬别人成功的商业模式，而是要有所改进，找到更适合自己企业的盈利点，形成新的商业模式，或者是针对自身的盈利模式。

世界上所有成功的企业在成立之初与发展的过程中，都非常重视独特商业模式的形成。因为商业模式独特，意味着企业有机会占领一片新的市场，比如：

阿里巴巴的盈利模式：通过网站为国内外客户整合了所有分销渠道和市场机会，并将这些展示空间所获取的信息流转变为强大的收入流，注重强调增值服务。

苏宁电器的盈利模式：基于SAP（企业管理解决方案）系统与B2B供应链项目，通过降低整个供应链体系运作成本、库存储备，为客户提供更好的服务，实现营收。

携程的盈利模式：通过与全国各地的酒店、各大航空公司合作实现规模采购大量降低成本，同时通过用户在网上订客房、机票积累客流，客流越多，携程的议价能力就越强，其成本就越低，用户流就会更多，最终形成良性增长的盈利模式。

对上述公司的盈利模式进行梳理后，不难发现成功的盈利模式具有以下几个特征：

1．可盈利性。盈利模式就是要盈利的，盈利的原因必定是满足了用户的一项或多项需求，与用户进行商品和货币的交换。

2．可持续性。成功的盈利模式要有应变性，能适应市场的变化，发现不足能及时修正、转型。

3．可延展性。成功的盈利模式一定是能够长期存在，并且不断生发的，随着时代的推进而不断革新。

4．可借鉴性。只要是模式，就可以被模仿甚至复制，我们可以借鉴别人的模式，别人也可以借鉴我们的模式。

结合三个企业的小案例和四个特征，能够认识到打造出新的盈利点对于商业模式的存在是多么重要，只有新盈利点，才能确保商业模式的成功。下面，我们再通过两个大一些的案例来分析如何打造新的盈利点。

■ 从微小处入手抓住盈利点

很多人都有这样的误解，认为寡头企业都是做大生意的，是利润高的，产品具有绝对独特性的，就像钢铁、石油、汽车、煤炭、互联网平台等。的确，类似这样的行业，利润是很大的，做成寡头的机会也相对更大。但是，我们说过，寡头不是相对于整个商业领域的存在，而是只存在于其所在的行业内，就是说荷兰皇家壳牌石油公司只是石油行业的寡头，绝不能成为饮料行业的寡头，通用公司是汽车行业的寡头，不能成为化妆品行业的寡头。因此，在任何领域内都必定会存在着有绝对话语权的寡头企业，一个不起眼的做瓷碗和瓷勺子的企业——麦森瓷器，一个利润很小的剃须刀企业——吉列威锋，就将小产品做成了顶级大企业，成了该领域的寡头企业。

与麦森和吉列企业相似的还有很多，比如更加"渺小"的指甲钳企业——中山圣雅伦。指甲钳在生活用品中都是小成本产品，但把"渺小"加上引号是因为这家企业每年就靠指甲钳就有几十亿的全球市场份额，是名副其实的指甲钳领域的寡头。

小家伙当上大寡头！一切要从1989年梁伯强注意到了这个小东西开始说起。在花了一些时间了解指甲钳的市场后，他发现一个小小指甲钳每年竟然有60亿的全球市场，而且因为所有的大公司都在发展技术，小公司都在埋头苦追，没人会注意到小生意。

梁伯强决定创业，从事指甲钳的生产。他所说的生产不是简单的生产，而是一种研发，将指甲钳研发成为——切口快、弧度适中、手感防滑、价格合理的品质型产品。当他的指甲钳上市后，百姓雪亮的眼睛立即注意到了，在几年后，圣雅伦的指甲钳就跃居世界第三，如今更是高居世界第一，成了最优质的指甲钳品牌。

麦森、吉列、圣雅伦的例子告诉我们，寻找新的行业盈利点，不要只瞄准大行业，还可以往小角落处看看，说不定就有令人意外的发现。当然，这种"角落利润"不是随便就可以摄入的，必须要满足两点要求：

1. 不能脱离本行业。创业可以从各个领域中选择，但若是已经有了成熟的企业，就不能随意进入不熟悉的行业，可以在本行业内或者与本行业有关的行业内去挖掘新的盈利点。

2. 不能耗费企业太多资源。对于挖掘出来的新盈利点，若是这种"角落利润"是无须投入太多资源的，毕竟企业的本体才是重点。

■ 根据差异化寻找盈利点

差异化是打造产品盈利点最不应该忽视的问题，因为消费群体不是统一性的，而是依据不同条件，分成不同的子群体，或者更小的群体（见图7-4）。

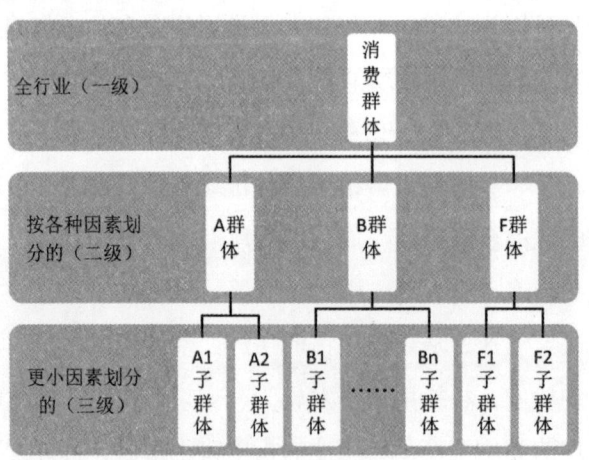

图7-4　消费群体的划分

任何企业在打造新盈利点时必须要考虑的是各个子群体的需求，考虑的越细致，对子群体的吸引力就越大。

世界级快餐企业肯德基在这方面做得很到位,按人口因素细分消费者群体。主要根据年龄、性别、家庭人口、收入、职业、受教育程度、宗教信仰、种族区分等相关变量,把市场分割成不同的群体。

年龄和性别是显而易见的变量,其他则是需要调查或长期了解后才能得出。现在我们以年龄为例,看看肯德基是如何细分的。他们对年龄的界定按照是否到开车的年龄,没到的是少年市场,下限是开车年龄,上限到40岁的是青年市场,再上到65岁的是中年市场,然后就是老年市场。

肯德基认为,企业是快餐消费,面对的主流群体肯定是工作忙碌、业余时间有限的青年和中年市场,他们追求吃得又好又快,于是研究这部分群体的饮食喜好,尽量做出能满足大多数人口味的快餐食品。对于老年市场,肯德基将重点放在"优惠"上,而且尽量提供更便于消化的食品,还鼓励一些闲散时间较多、身体健康的老人到本公司工作。

只有将不同类型的消费群体划分开来,才能更方便地找到盈利点,做到对症下药,用最贴合的产品配合最完美的服务,留住用户。

■ 根据不同市场特征寻找新的盈利点

市场从来都是多元的,每个分支市场都会产生一些独特的盈利点,想将这些盈利点收归企业所有,就需要有相应的产品和方法。

上面说了肯德基,再来看看麦当劳。麦当劳很早就发现,儿童餐饮极有可能成为家庭非常重要的影响因素。因为对父母而言,让自己的孩子快乐,是最重要的因素,如果能在负担得起,挑选方便的基础上,再加上省时间、省麻烦、食物好吃等因素,自然会让孩子高兴。麦当劳一直致力于做到这些,让父母能够轻松满足孩子的心愿,因此占据了很大的儿童食品市场的份额。在与另一个寡头肯德基的对抗方面,麦当劳赢了少儿战，肯德基赢了成年战，所谓各领风骚。

但随着近些年新的竞争者的加入，迫使麦当劳必须要寻找新的盈利点，也就是开拓新市场。最典型的做法就是加大力度进攻成年人市场和老年人市场。但经过一系列开发后，发现老年人的市场还是不大，毕竟老年人闲散时间太多，没必要出来吃快餐。中青年人就不同了，很需要快餐让生活简单一些。但成年人对快餐的忠诚度并不高，因为不是真心喜欢，只是生活所需而已，所以麦当劳会经常性地为成年人市场举办促销活动。

盈利点需要企业不断去摸索才能打造起来。盈利点必须与企业是契合，还必须具有相当的长久性，才能保证成为企业稳定利润的来源点。

7.4　步骤三：找到与寡头高度匹配的合伙基因

合伙是很多企业必须要走上的道路，因为合伙可以快速拉动企业增长，开始提高企业的竞争能力。想一想，一个只能打3分的企业，去和一个能打7分的企业竞争是什么局面？可能是碾压性的。那么去和打9分的企业竞争呢？那就是碾压性的了，没有丝毫可比性。但是，如果是几个打3分的企业联合起来同一个打7分的企业竞争呢？局面就会好得多，"一根筷子轻易被折断，一把筷子牢牢抱成团"，强大的企业想单独吃掉哪一个对手都非常困难。这就好像古时征战，友军一方通常为"品"字形布阵，敌军无论进攻哪一方都会遭遇另两方的支援，这是以弱对强的好方法（见图7-5）。

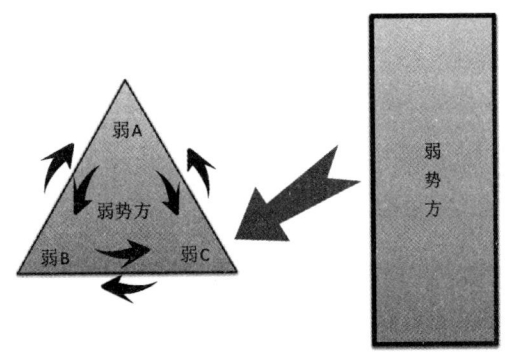

图7-5 弱势方的"品"字形布阵

通过该图可以看出，弱方的布阵具有多么强大的抵抗之力，一方有难，另两方支援，唇齿相依。

在商界上，弱与弱的联合往往也是这种局面，互相温暖互相求生。但商界也不都是弱者之间才联合，弱与强、强与强之间都可以联合。因此，合伙是竞逐商界永远绕不开的话题，没有哪一家成功企业是绝对靠自己单打独斗存活发展起来的，其在途中都主动或被动地与其他企业进行过合作，无非是因为对企业的发展有好处，而与之合作的企业也是出于对自身利益的考虑。

虽然是利益当头，但合作也是盲目的，需要考虑很多现实的问题：

第一，合作双方要有共同的利益诉求。如果有，合作就容易成型，如果没有，合作就非常艰难。

第二，合作双方要有相似的基因。这种基因源自企业成立之初形成的特定的性格，在企业经营的过程中会有所改变，最终形成独有的标识。

第三，合作双方要真诚相待。或者是平等关系间的合作（地位或实力平等），或者是不平等关系间的合作（地位或实力相差较大），但既然选择风雨同舟，就要付出真心，平等的合作不能互相倾轧，不平等的合作不能以大欺小。

第四，合作应以长期为根本。若是想"打一枪换一个合作者"，这种企业是无法长久的，想要联合就要有长期的眼光，要确保在一段稳定的经济环境下获得稳定的合作利益。

第五，合作双方要以行业寡头为目标。这种目标可以定义为追赶、革新、超越等，双方必须保持一致，才有机会实现（见图7-6）。

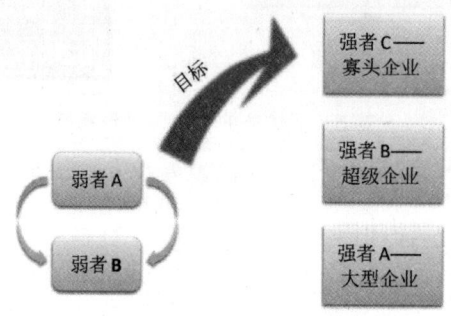

图7-6　合作双方要以行业寡头为目标

上述五点，是双方合作或者是多方合作时，必须要遵守的原则，缺少一项都会导致合作的难产或半途而废。

其中，第五点是合作时最容易被忽视的，我们重点进行阐述。看起来好像有些古怪，双方合作与行业寡头有何关系？合作的目的是壮大企业，而壮大的目标不是比眼前大一点就可以了，而是要尽可能地大。那么，谁最大？行业的寡头无疑是最大的。好吧！那就去超越它。

这不是天方夜谭，在iPhone 4没出来前，苹果没有什么名气，因为乔布斯的离开，已经导致昔日辉煌过的企业没落很久了，甚至到了岌岌可危的程度。但乔布斯回来了，最终苹果将超越的目标设置在了诺基亚——当时手机领域的寡头之一（另一个是摩托罗拉）。苹果与当时在手机领域同样表现平平的三星联合（不是真正意义的合作，而是苹果让三星代工芯片）。两家弱者在进行外围联合后，迅速推出了能制衡诺基亚和摩托罗拉的产品，先是苹果取代"诺摩"成了新的寡头，三星也紧随东风成了手机领域不容忽视的重要力量。

这就是合作威力，两家在某领域并不优秀的企业最终干掉了同行老大，试想若是不合作，苹果的iPhone系列就不会那么快面世，很可能被后知后觉的诺基亚迎头追上。但一切都在三星决定为苹果代工芯片之时尘埃落定了，以三星在电子产品加工方面的能力，诺基亚就失去了翻身的机会。

合作是弱者逆袭，强者更强的好方法，若想让企业想着寡头的方法发展，在前行的道路上就离不开合作。因此，当企业之间有机会合作的，具备了可以合作的基因，就要抱团取暖，合力发展。

7.5　步骤四：合理设计股权架构，引爆寡头效应

案例一：

餐饮连锁店"真功夫"的创始人潘宇海与后来加入的蔡达标各占50%股权。因为潘宇海和蔡达标在公司管理、发展理念、经营模式上的冲突，导致二人积怨愈深，矛盾终在2011年爆发。

案例二：

"罗辑思维"已经成为中国互联网知识社群第一品牌，估值近百亿，但曾经最大的股东申音却无法享有这个果实，虽然申音曾占据"独立新媒信息科技有限公司"（"罗辑思维"的前身）82.45%的股份，罗振宇只占17.55%。这对业界的黄金搭档，实际的关系更像明星和经纪人，罗振宇是前台的明星，粉丝们追随的是他和他的每天60秒语言，而不是他所在的公司。显然，创造价值的是罗振宇，大股东申音处于鸡肋的位置。最终黄金搭档解体，罗振宇独自经营。

案例三：

在融资前夕，"西少爷"的创业人股东宋鑫（持股30%）从公司退出。对于退出价格，公司提出"27万现金+保留2%股权"处理。宋鑫不同意，要求按照公司当时的4000万元估值计算，必须拿到1000万元现金才愿意退出。双方争议的焦点是宋鑫以何种价格退出。

案例四：

视频网站"土豆"的创始人王微离婚，其配偶提出财产分割，主要是王微持有的"土豆"公司股权。一场官司让"土豆"错失最佳上市时机的代价。

类似的案例还有很多，本节我们要讨论的不是导致这些案例发生的具体原因，而是导致这些状况出现的背后的原因。其实，就是股权架构设置的不合理，让原本经营良好，业绩优秀的企业瞬间出现了发展停滞，即便整理好之后再出发，也对企业造成了巨大的影响。

由此可见，合理地进行股权架构设计，关系到企业的长期稳定与发展，毕竟只有稳定的环境和管理层才能给企业带来最大的收益，也才能让企业有更大的机会和原动力向更高的目标——行业寡头前进。

那么，合理的股权架构对企业有哪些具体的好处呢（见图7-7）？

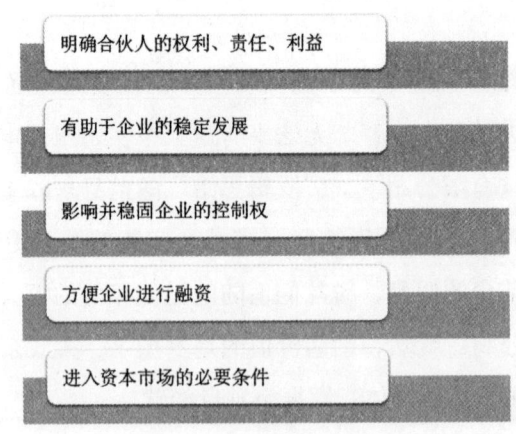

图7-7　企业股权设计的好处

在知道了合理设计股权对企业的好处后，就应该知道如何设计股权才是合理的。股权分配必然要遵循一定的规则，再结合企业的现实状况，最终得出恰当的分配方案。下面给出几种常用的方法，供大家参考：

■ 以实际出资状况决定股权分配

资金永远是创业的第一道关口，有了资金的支持，才有将来的一切。而创业初期，做任何事情都需要钱，因此资金总是最紧张的一环，会经常性资金不足。在这种情况下，找到出资方就是第一要紧的事情，谁的出资多，谁的出资帮助公司解决了难题，谁就容易得到公司更多的股权。

比如做一个项目，需要资金500万元，A出200万元，B出100万元，C出50万元，另有150万元需要再寻找合作者。A、B、C在资金方面的贡献是不一样的，假设三人的能力和资源差不多，出200万元的A可能占40%的股权，成为公司的大股东和实际控制人。

这是一种最简单的股权设计方式，对于企业发展前期会有助益，但到了企业做大后，如果股东间能力值和贡献值与股权匹配，自然没有问题，可一旦有能力值和贡献值与股权不匹配的状况，就会出现矛盾，就像"罗辑思维"的罗振宇，他因为出资少，成了小股东，但在经营过程中，却是贡献最大的。一旦发生这种人资金倒挂的现象，矛盾将不可避免，因此在采用这种股权方式时，需要考虑到股东间的经营能力和对企业的综合贡献值，不能简单的以资金来设定。

■ 股权设定要有"带头大哥",保证梯次明显

经营企业不是做慈善、搞平衡,股权不能平均分配。试想"50%~50%""33%~33%~33%"的股权结构将怎样形成决策,难道要举手表决,少数服从多数吗?

"带头大哥"最好是CEO或者创始人,要有比较大的股权,但同时他也要有更多的担当。一般情况下,公司的创始人必须保证有足够的话语权,股份应在50%~60%,形成"6:3:1"或"7:2:1"这样明显的股权梯次,这样才能够主导整个团队健康发展,当然他必须要有足够的影响力,否则光有钱是没用的。

谁是"带头大哥",这就需要考虑投资者和经营者之间的关系,最好是投入的资金相对较多,且懂行的人担任。

■ 预留股权以待将来

很多企业会面临这样一种情况:项目已经开始,但CTO(首席技术官)或CFO(首席财务官)的职位尚在空缺,怎么办?硬拉一个人进来填补吗?不需要这么做,因为很可能不符合项目要求,给公司当下的经营和未来的发展带来阻碍。最好的方式就是暂时空置,但要预留出股权,等待将来吸收新的能力符合的合伙人。具体做法可以借鉴下面两个图示的股权预留模式(见图7-8、图7-9):

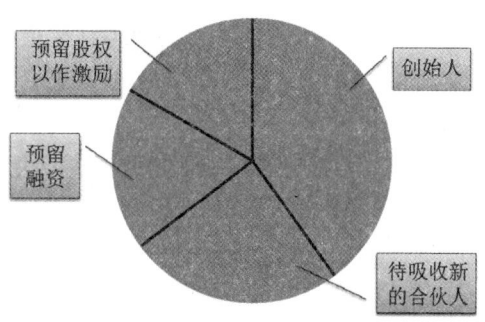

图7-8 股权架构设计方案（一）

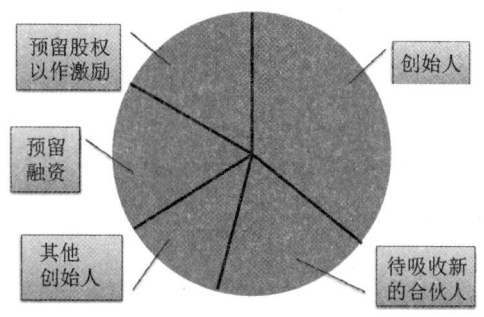

图7-9 股权架构设计方案（二）

注：图7-8和图7-9之间没有任何关系。

有一些公司虽然也采用了预留的方式，但是选择放在了"带头大哥"的名下，我不建议这样做。因为这会牵扯到三个问题：预留的股权属于谁？预留股权对应的注册资本谁来出？在分出去之前，预留股权的权利由谁享有？股权设计是不应该有任何隐患的，只要有一点隐患都会影响将来的经营。

■ 设立良性的股权成熟机制

有了股权的设定和预留，还应该考虑股权的成熟（就是什么情况下股权拥有者有资格享受股权带来的利益）。这样才可以保证公平性，因此需要设定"分期兑现机制"（激励对象只有在工作年限或业绩目标符合股权激励计划规定条件的，才可从中获益）和全职服务期限挂钩（通常要达到四年）。

一般情况下，根据公司的不同模式，有以下几种股权分期兑现方式：

1．分年制。任职满一年兑现25%，满两年兑现50%，满三年兑现75%，满四年兑现100%。

2．递增制。第一年兑现10%，第二年兑现20%，第三年兑现30%，第四年兑现40%。

3．按月制。干满一年兑现全部的四分之一，剩下的在三年之内每个月兑现1/36。

比如，现在有A、B、C三人合伙创业，股权比例是6:3:1。一年后C决定退出，但他手上还有10%的股份，不能给其坐享其成的机会。此时，就可以实行股权成熟制度。

根据三个人之前的书面约定，股权按四年成熟约定（一起约定干满四年），每干一年就成熟25%（每个人的股权都分成四份，四年期满后，所有股权才能全部成熟）。C干满一年，他可以享有自己股份10%的四分之一，也就是2.5%，剩下的7.5%就不是C的了（见图7-10）。

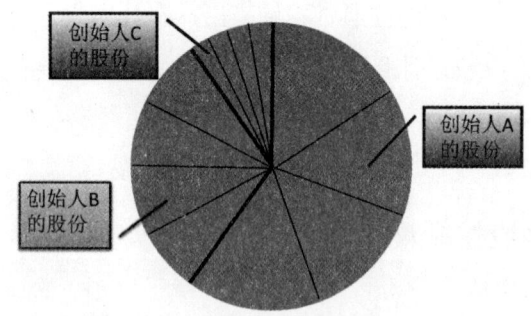

图7-10　某一合伙人（C）退出的股权处理

该图中，三位创始人的股权都被平均分为四份，每一份代表一年可成熟的股权——每个人股权的25%。C干了一年，股权成熟了10%股权的四分之一。

这2.5%归属C所有的股份处理方式，通常不是让C一直保留，因为这样做对其他创始人并不公平，属于"无功受禄"。因此，会采用其余创始人股东按照预先约定的金额进行现金回购，将C与企业之间的关系彻底割裂。

而剩下的7.5%的股份则有几种处理方法：强制分配给所有合伙人；以不同的价格按公平的方式给A和B；可以暂时放入预留股权中，待重新找一个合伙人代替C的位置。

■ 投票权委托

"投票权委托"又称为"决策权代理"，公司内部分股东通过协议约定，将其投票权委托给其他特定股东行使。

对于企业的大股东来说，有了股权就等于有了对公司的发言权。这是一种很民主的管理方法，但凡事都有利弊，民主也意味着没有绝对掌控者，难以快速做出决策，这对公司的发展也是不利的。因此，很多企业想出了"决策权代理"的方法。这样做可以做到权力集中，对于企业快速发展形成寡头优势有很大的帮助。

比如，在京东发行上市前，京东有十一家投资人将其投票权委托给了刘强东行使。刘强东持股20%左右却控制了京东上市前过半的投票权。

再如，阿里巴巴的两大机构投资者软银和雅虎将合计超过50%的投票权委托给马云行使，因此，马云以不到阿里巴巴集团10%的股份拥有了超过60%的表决权。

■ 一致行动人协议

这也是一种权力集中的方法，只不过不采用委托形式，而是集体进退的形式，来保证对企业的绝对领导。这种方法通常适用于各创始人的股权比例比较分散，但创始团队的总股权比例能够对投资人的股权比例形成一定的制衡，这种状况下创始团队的股东就可以签署"一致行动人协议"集中表决权，并在协议中明确当"一致行动人"内部无法达成一致时，最终以某一创始股东的意见为准。通过这种安排，实现了创始股东的实际控制权。

比如，厦门佳创科技股份有限公司的任何单个股东持有的股份均未超过总股份的30%，不能单独对公司的决策形成决定性影响。为了维持对公司的共同控制，保证控制权的稳定性和重大决策的一致性，岱朝晖、陈建杰、关光周、王金城和颜蓉蓉五人于2014年10月26日签署《一致行动人协议》，掌握了公司60.26%股份，并规定，当几个人无法达成一致时，以岱朝晖的意见为准。

■ 资产重组

公司资产的拥有者、控制者通过两种方式对公司资产进行重组，一种是与其他自己掌控的经济主体进行的对公司资产的分布状态的重新调整、组合、配置，另一种是对设在公司资产上的权力进行重新配置。

比如，当大股东在A公司所掌握的股权较低时，可以与另一家自己控制的B公司进行资产重组。具体方法是A公司向B公司发行股份，由B公司持有A公司的股份，如此大股东既有原持有的A公司股份，加上其控制的B公司代持的A公司股份，就增强了对A公司的控制权（见图7-11、图7-12、图7-13）。

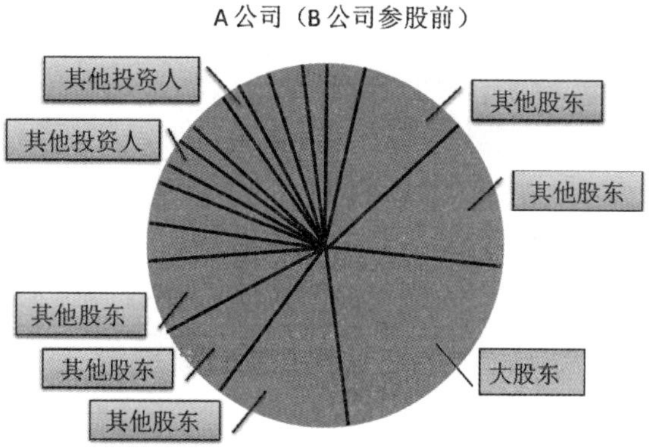

A公司（B公司参股前）

图7-11 资产重组形式的股权结构设计（一）

该图中，大股东占据的股份不足以让其掌控对企业的决策权，如果遭到其他股东和投资人的反对，企业将陷入无决策人的状态，因此，大股东需要扩大自己的占股比例，掌握公司的决策权。

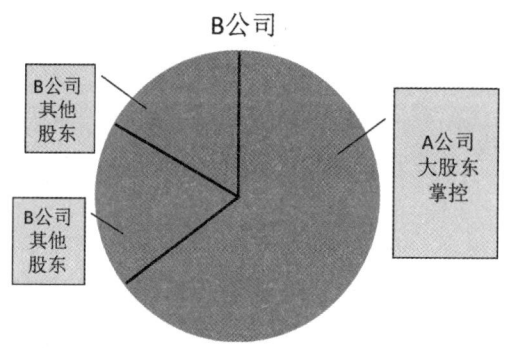

图7-12 资产重组形式的股权结构设计（二）

该图表现的是由A公司的大股东控制的B公司，想要资产重组顺利进行和进行之后收到好的效果，大股东要对B公司拥有绝对的掌控权。

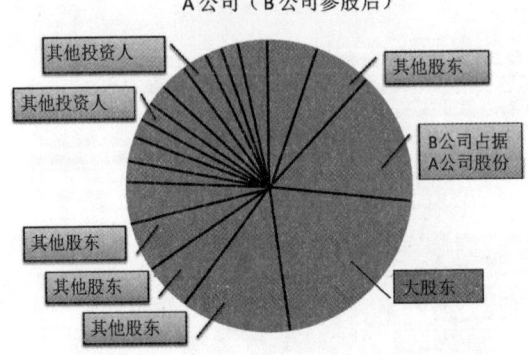

图7-13 资产重组形式的股权结构设计（三）

该图是经过资产重组后，B公司拿到了A公司的部分股权，因为B公司由A公司的大股东掌控，所以，B公司掌握的A公司的股份实际上就等于是由大股东在掌控。当大股东直接掌控的股权和通过B公司掌控的股权相加后，就形成了对公司的控制权。

■ 双层股权结构

主要适用于允许"同股不同权"（资本结构中包含两类或多类不同投票权的普通股架构）的一些境外市场。在这种股权结构下，公司可以发行具有不同程度表决权的两类股票，因而创始人和管理层可以获得比采用"同股同权"股权结构下更多的表决权。

例如，企业上市后可以将股票分为A、B两类，向外部投资人公开发行A类股，每股只有1票的投票权，而向内部管理层发行B类股，每股有10票的投票权。这种股权结构的好处是：即使只持有约三分之一B类股的创始人和管理层，就算失去多数股权，也能持续掌控公司（见图7-14）。

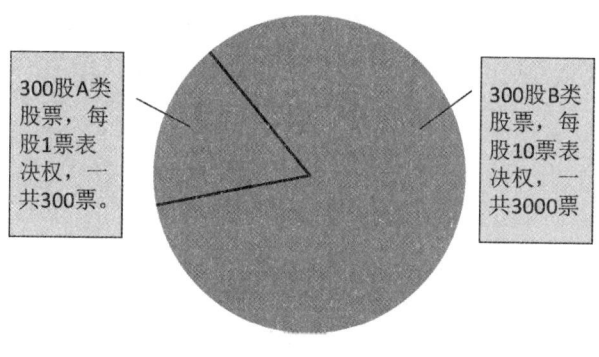

图7-14 双层股权结构

7.6 步骤五：借助上市市场力量实现价值最大化

上市是很多企业期盼已久的事情，因为上市不仅意味着企业在市场上有了足够的知名度和实力，也会给企业带来非常大的价值提升，帮助企业更快速、更有活力地突破自己。

上市是将企业全面地放入市场之中，与之前仅与消费者通过产品的接触完全不同，消费者可以通过购买企业发行的股票、债券等，参与企业的融资活动中，甚至可以参与企业的战略部署中。

同时，上市能够让企业通过更多渠道，感受市场的力量。从前只是产品这一条途径，如今能够更加直接的借助市场的力量，比如最常见的形式是发行股票，股票虽然有价，但毕竟是虚拟产品，而得到的资本却是真金白银的，企业可以拿着暂时从市场上获取的资本来扩充自己，实现自身的迅速提升。当企业的价值增长后，企业的所有相关产品都会增值，也包括股票，那些持有企业股票的投资人也将获得丰厚的回报。这就是市场的力量，可以顺利帮助企业壮大，企业也会回馈以相应的补偿。

总之，上市是企业快速实现价值的最大化的最好途径，那么，在上市后，企业究竟能从市场中获得多大的力量来实现价值的最大化呢？

■ "吸金作用"

如今，上市公司被允许发行债券、用股权市值作为质押物向银行融资。等于把上市公司打造成为资本的宠儿，为上市公司拓展了最多元的融资渠道。

因此，企业在上市后，可以从多方进行多次的资金筹集，以获得资本扩展业务，解决非超级企业或科技型企业债权融资无抵押无担保的问题。同时，还允许发行中小企业私募债、信托产品等，从而更加拓宽了上市企业的融资渠道，增加了融资手段。

在"吸金"的同时，还有两项因为资金充足而获得的好处：

1. 企业可以获得经营的安全性。企业通过上市后筹集的充足资本在市场情况不景气或突发坏情况（如一些不利于发展的宏观调控）时，能够及时进行业务调整或转型，不至于出现经营困难甚至无法经营的局面。

2. 改善企业的资产负债结构。企业通过上市募集的资金，充实了企业的资本金。而且募集到的资金往往是源自溢价出让股权或增发股权而来，较大幅度地增加了公司的净资产，降低了企业的负债比例，从而大幅改善企业的资产负债结构，增强了企业抗风险的能力。

■ 有更多机会吸引战略投资者

企业在上市前，其价值难以被外界发现，更谈不上充分的认可。但在企业上市后，通过资本市场平台的广泛宣传，企业的核心价值被挖掘出来，企业的真正价值就会得到市场的广泛认可。

企业通过交易平台和相关媒体，能够吸引更多投资者的关注，特别是各种战略投资者。所谓战略投资者，最为关注的就是各种高成长企业的信息和动向，而上市企业与非上市企业的前景对比，更加乐观，因此更容易得到战略投资者的青睐。此时，面对众多的投资机构，企业有了更多的选择余地，也有了更强的议价能力，使企业和原有股东的价值最大化，从而使企业站在更有利的地位。

■ 提升公司知名度、影响力

上市是对一家企业经营到某一阶段的认可，同时上市也能提升企业的知名度和影响力，能够更有利地将企业的品牌推广出去。

不可否认，媒体给予一家上市公司的关注远远高于私人企业，必然成为所有财经媒体和广大投资者每天关注的对象，这将使企业获得名牌效应（见图7-15）。

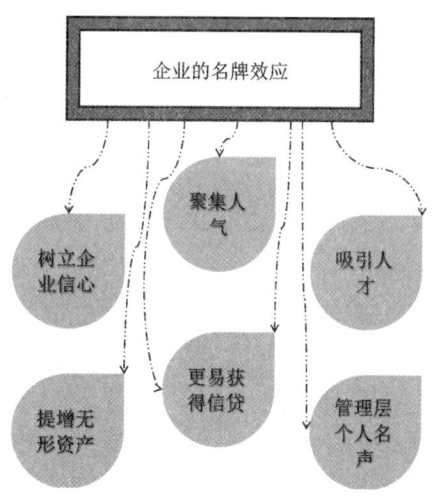

图7-15 企业的名牌效应

上市能够增加企业的透明度，赢得消费者和供应商的信赖，有助于企业在间接融资市场上建立较高的信誉，便于获得贷款的批复，在投标竞争中也往往占据有利地位。

■ 有利于完善企业管理结构

1．企业想要完成上市，需要达到一系列严格的要求。最关键的是对企业法人及管理结构、信息披露制度等方面的要求，需要按照规定进行，因此，企业必须提高运作的透明度，提升企业的管理水平，使企业从一个"草莽企业""家族公司"逐渐演变成为现代企业。

2．为符合上市公司的法人管理结构，可能会引进外部董事、战略投资者，这些外脑和资源可以为公司所用，也能对公司的经营和管理进行监督和保护。

3．上市后要履行严格的信息披露制度和其他法律要求，这些都会增加企业运营的透明度，有利于防止"内部人暗中控制"的现象发生，有利于提高企业的经营管理效率。

第八章
生态：未来企业的竞争是圈与圈的竞争

曾经是企业与企业之间的竞争，后来是阵营与阵营的竞争，如今是平台与平台的竞争，未来就是生态圈之间的竞争。发展成为生态型企业，是企业能长期生存并掌握行业话语权的最佳方法。

8.1 商业竞争就是生态圈的竞争

曾经提起商业竞争,人们很自然地就想到是产品与产品间,或企业与企业间的竞争。只要产品做得好,就能在市场上占有一席之地,企业也能在市场上赢得用户的支持。但是,商业竞争越来越趋向于多方位、全方面,也就是从单个产品或单个企业的独自竞争,过渡到多项产品或多个企业的联合竞争。

这种联合不一定要在同一行业内、同一平台内,而是跨行业、跨平台的利益相关者之间的联合,彼此基于利益关系建立一个价值平台,并在此之上进行商业活动。

在这个价值平台上,各个角色分别有着不同的特性,通过平台撬动其他参与者的能力和价值,使得这一系统能够创造更多、更长远的价值,各个角色也从中分享到比"单独作战"多得多的利益。因此,这种联合更像是一种圈形的连接,每个个体在圈中都有各自的角色,收尾都能与一个或多个其他个体相连接,组成大大小小不同的生态圈,最终再组合成更大的生态圈(见图8-1)。

第八章 生态：未来企业的竞争是圈与圈的竞争

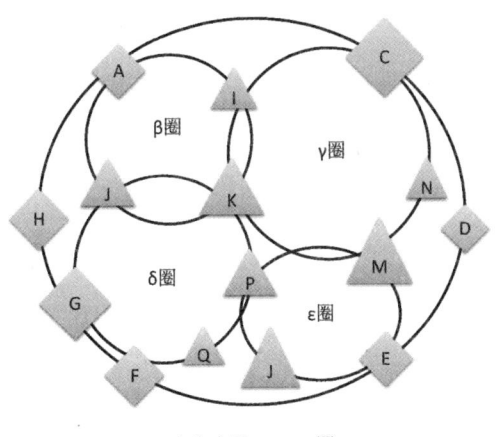

图8-1　生态圈

该图中，最大的生态圈是α圈，直接在其上组成价值相关的有A～H八家企业，但其中A、C、E、F、G分别存在于β圈、γ圈、δ圈、ε圈中，而且每个小生态圈上也分别相关联其他企业。那么，α圈与其他四个小生态圈都具有相关性，这些只存在于不同生态圈上的企业也会与原本不相关的企业在生态圈上进行关联，形成有共同价值连接的经济体。

其实，商业生态圈的概念20多年前就已经形成，源自美国经济学家詹姆士·穆尔提出的"商业生态系统"。但生态系统比较抽象，后经过查尔斯·汉迪的"合作伙伴网络"概念的影响，再经过马可·扬西蒂和罗伊·莱温等人"共赢"主张的进一步完善，最终形成了较容易理解的"生态圈"的概念。

美国普渡大学的斯图尔特·威廉斯教授结合了"生物生态圈"对状态对商业生态圈的优势进行了以下总结：

首先，虽然存在于形同的价值生态圈中，也更多是强化了彼此间的联动性、共赢性和整体发展的持续性，但彼此间的竞争性依然存在，优胜劣汰依旧是主旋律，有实力的企业才有机会与既是对手又是朋友的企业价值共存。

其次，弱肉强食的收购、吞并现象依然持续，一些非正当竞争依然存在，这就是以价值为核心的生态圈的自由性体现。

最后，生态圈不是一成不变的，也不是永恒不变的，更不是企业的保护罩，因为进化的需要和体现，生态圈一直存在一些非主流甚至怪异的现象。

总之，"生态圈"所呈现出来的最有价值的东西在于，让企业的经营者们从整体的高度审视整个商业的发展，形成更深入的认识，并由此对自身进行更加精确的定位，以适应这一充满生机同时又危机四伏的生态圈。

商业生态圈能有效地利用生态观念制定企业的发展策略，这些策略是：

第一，鼓励多样化。

"生态"一词，从诞生那一刻起，就伴随着多样化的因素，因为只有具有多种生命形态的生态系统才是最坚强的生态系统，也是最为稳固的生态圈。既然商业发展也是生态性的，那么多样化的因素依然有效。任何时候，多样化的企业都是最有创造力的企业，这种多样化不仅表现在企业业务内容与业务模式上，还表现在用人政策上。

第二，推出新产品。

在生态系统中，生命靠不断地复制来存续，但这种复制只是表面，内在则是不断进化的，保证物种的适应力。商业竞争更需要这种进化，因为产品寿命有限，不论今天多么成功，明天可能就会被取代，后天就或许被淘汰。所以，必须要不断地推出新产品或改造新产品，使产品立于不败之地。

第三，建立共生关系。

生态系统最基本的状态就是共生，多物种互相合作，互相依存，又互相竞争。传统企业视商业为"零和竞争"，从不考虑互利或共生，合作也是极其有限的，主张"绝对别把钱留在桌面上"。但在以生态圈为模式的新兴商业环境中，企业必须要寻求相互间的双赢共生关系，称为"在合作中竞争，在竞争中合作"。由此产生了一个新的词汇：竞合，即"竞合竞争"。在竞合关系下，合作与竞争是不矛盾的，一边合作，一边竞争，相互共赢互利，又相互改进促新。

8.2 "共生、互生、再生"是构建生态圈的核心

"生态圈"的概念由自然生态获得启发，并衍生出三个层次：共生、互生和再生。打造"商业生态圈"是一个从独享走向共享的过程，企业经营者应该致力于变竞争为合作，变拥有为连接，变自主为开放，培养共生、互生、再生（不断获得新的空间，创造新的价值）的意识（见图8-2）。随着生态圈的概念进行了一段时间的实践，这一定义已经得到企业界的广泛认可，并被很多现实的例子证实这一定义的正确性。

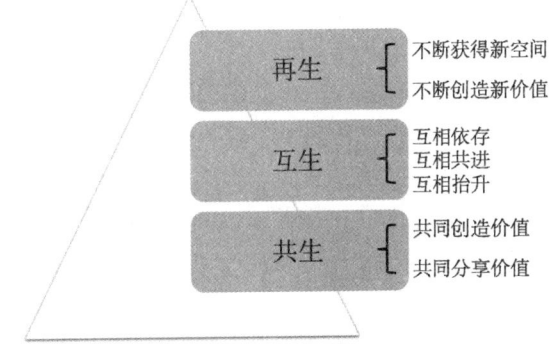

图8-2 生态圈的共生、互生、再生

共生和互生是处于共同生态圈中成员之间的关系。共生是原发性的，只要进入了某个生态圈，成员之间会因为创造新价值的共同需要，

主动地、不断地进行投入。互生则是建立在原发基础上的增进，成员之间通过价值分享来促进彼此"血液的循环更替"，从而维护整个生态系统的良性发展。再生是共生和互生完成之后的必然收获，推动整个商业生态圈呈现出持续前进的状态，通过不断自我提升和改革来适应持续出现的新的需要和竞争。

■ 共生——共同创造价值、分享价值

这是商业生态圈的第一个特征，也是圈中成员所应该呈现出的一种状态。在这个生态圈里，每个成员分工明确，有机联合，协同作战，共同创造。通过整合全部成员各自的优势，来打造具有超强活力的事业共同体和利益共同体，从而实现生态圈的价值最大化。

共生能够存在的基础，是成员协力创造一个价值平台，在这个平台上，可供处于生态圈中的每一个成员共同利用、分享、裂变和进化，从而使生态圈能更加高效地进行价值创造。

《中国好声音》是一档综艺节目，但也是一个生态圈系统，围绕在圈上的不仅是制作方浙江卫视和赞助方灿星公司，还有参与节目的明星、选手，参与构建的各方团队，参与联合赞助的其他企业，参与效果呈现的所有观众。

传统制作节目都是先由赞助方买断，然后再进行收益回收。但在共生理念下，收益分成代替了买断形式，浙江卫视与灿星公司在收视率的基础上进行利益分成。这是典型的共同创造价值也共同获得收益的模式。这种模式的优点在于利益与风险共担，在收视率影响收益的前提下，制作方必须重视节目质量，而不是一味地注重降低成本和无谓地砸钱，而投资方也不会因为担心投资蒸发而参与节目制作中。

业界大腕被请到现场，从过去的走秀变成了如今的导师，选手的作

品和作品后续开发所产生的收益由节目方与导师共享。在利益挂钩的情况下，导师们必将精心打造自己的选手，为选手创造良好的发展前景，这种模式无论对哪一方来说都是有利的。

此外，移动运营商的引入又为共生提供了一种新的模式。在好声音选手的条件尚不成熟，不能走专辑渠道时，移动运营能提供更多其他方向的获利渠道，既保证了选手的热度，又保障了该商业生态圈价值的实现。

由此可见，只有在共生状态的作用下，生态圈内的成员们才可以将各自的力量集中起来，借助合作伙伴的力量，解决本企业不擅长或根本解决不了的问题，既提高了经营效率，又填补了经营漏洞，最终实现"1+1>2"的效果。

■ 互生——相互依存，相互促进，相互抬升

在生态圈里，除了创造价值的共同关系，成员间还呈现出依赖的相互关系，每个成员的利益都与其他成员的健康发展相联系，因此被称为"互生"关系。

在互生这一环节，成员之间是高度依存、息息相关的。互生关系的长久在于成员的眼光须从企业内部转向企业外部，避免企业在"超圈"（单体企业获取的利益超过生态圈所能创造的利益）状态下去攫取利益，导致生态圈趋向不平衡或者出现断裂，那么整个生态圈的健康就会受损，最终会走向崩溃。

生态圈的存在就是因为相互可以裨补缺漏，实现成本的控制，所以，生态圈需要建立并且维持一种可保证成员低成本分享的架构和管理模式。

比如，苹果公司因为产品的过硬，其平台也已搭建完成，入驻了

大量软件开发公司，这些公司为苹果的持续高热贡献了巨大的能量。为什么苹果的平台会有如此大的吸引力呢？仅仅是因为苹果的产品吗？当然不是。一家企业能够长期停留在一个平台上，其中一定有着利益的拉拽。苹果的平台为各类软件提供了一系列标准化的接口，软件公司只需通过这个接口就可在苹果的平台上分享自己软件的价值，同时，该生态圈创造的价值也被软件公司共享。然后，苹果公司会在软件公司的收益中提取自己的固定分成，这样的模式简化了相关交易环节，成本大幅度降低。

■ 再生——不断获得新空间，不断创造新价值

任何产业的发展都有时间周期和市场边界，当外部环境变化或产业进入成熟期之后，意味着积累已经到了临界点，必须要把握时机进行改变，否则就会迎来整个产业的衰退。

"再生"就是为了避免这种衰退的出现，在衰退发生之前及时找到新空间，创造出新价值。通过对市场状态和经济态势的密切关注，掌握市场和微环境的最新动向，及时改革和升级，实现生态圈的整体进化，或者转移资源到新的生态圈，搭配更好的合作圈。

淘宝网作为中国电商的龙头，在发展到"2.0"阶段时，生态圈中的参与者越来越多，便出现了商家资质不一、良莠不齐的情况。假冒产品和劣质产品、甚至营销诈骗的情况频频出现，严重影响了淘宝网的声誉，一段时间内用户分流相当严重。

为了应对这种严峻的态势，淘宝网必须要转型升级，但淘宝网自身的盘子太大，想掉头几乎不可能，于是在淘宝危机的土地上裂变出了"天猫商城"——一个全新的、注重高品质和大品牌的网站。天猫迅速聚合了部分传统品牌，形成了新的商业生态圈。

天猫是典型的再生的产物，而且是站在前辈的肩头上崛起的。用户因为已经形成了成熟的消费习惯（包括商品品牌、网络入口、支付系统等），天猫的出现既满足了高质量购物的需求，又不用改变消费习惯，用户过渡得非常自然。可以说，从淘宝到天猫的这次再生是非常漂亮的，商家在没有改变原有运营基础的前提下，就能够随环境调整而不动摇利益根基，从而持续创造价值。

8.3 把核心业务做到顶级再发展生态链

斯蒂夫·乔布斯曾说："做核心企业的意思不是对必须重视的事情说'YES'，而是对现有的另外100个好主意说'NO'。"

1997年，乔布斯重新回归苹果之后，看到他苦心创立的企业已经奄奄一息了，为了"治乱于祸成之后"，他干的第一件事是砍，第二件事是裁。

当时，苹果有N款产品，每款产品都有N个版本，每个版本又分为N个编号，有些编号下面还划分N个子编号。乔布斯一边大刀阔斧地砍产品和裁员工，一边大声斥责："这么多的产品，大部分都是垃圾，不是垃圾的也即将成为垃圾，都是迷茫的开发团队制造的。产品不能要，人也不能要。"然后，被砍掉了近90%的产品，裁掉了70%的员工。

那么疯狂的清理过后，要开发什么产品呢？乔布斯只有一句话："只做核心产品。"这就是苹果第二次崛起的源头，没有这个"核心产品"做支撑，就没有后来轰动世界的iPhone 3和iPhone 4。

现在来回味乔布斯说的只做核心产品，是多么的正确。如果一个企业连一款叫得响的产品都没有，就希望全面开发各种系列，甚至形成一个生态链条，犹如痴人说梦。

吸引用户从来不是靠产品的种类，而是靠产品的使用体验，当一款产品深刻地打动了用户，并且会聚了相当数量的"铁杆粉丝"之后，才有发展其他产品的基础，这些产品围绕主力产品形成了产品链，下一步才是发展企业生态链（见图8-3）。

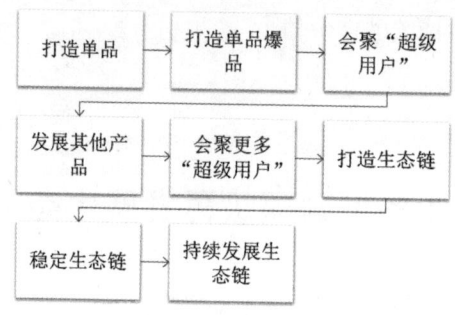

图8-3　从单品打天下到企业生态链

这个过程必须是一步一步走下来，中间绝不可跳跃，无论是行业前景多好的企业，也无论是发展多快的企业，只要越级发展，结果必将是损失惨重，甚至跌入深渊。

■ 产品没做到顶级时，不可随意发展生态链

企业总是以发展为目的，而发展带来的直接后果是加大投入后的再发展，所以，扩张永远是发展状况良好企业的主旋律。于是，在企业尚未会聚到超级用户的阶段，就开启了产品多元化，甚至是生态链布局。

一个典型的企业就是凡客诚品。凡客发展势头最好的时候是凡客商品相对"单调"的阶段，用户只要提起凡客，总是离不了T恤衫和牛仔裤，物美价廉、物超所值的印象非常深刻。所以，凡客那几年也积累了一定数量的"超级用户"，但数量并不客观。如果凡客按照当时的路子走下去，说不定就没有后来的京东、唯品会什么事了。

但是，凡客在发展最好的时候，也是在核心业务并未做到顶级时，走上了产品扩张的路子，一下子员工多了好几倍，单品更是多了无数倍，也不管来凡客的用户是否有需求，只要是生活中可见的，凡客上都有。而且质量并不出色，价格却不低廉，"物美价廉"和"物超所值"的形象在用户心中渐渐模糊，最终消失了。

也就是说，当凡客的员工在做着赶超淘宝、做中国最大电商品牌，发展凡客生态链的美梦时，用户已经将凡客抛弃了。

其实，这种抛弃在凡客不再将主要精力集中在核心业务的那一刻起就注定了，你的产品并未真正打动我，或者仅仅是暂时打动我，可是你现在的产品已经不合我意了，那我为什么要留守。用户既是专情的、长情的，却也是多情的、绝情的，说离开就立即转身。唯一能让长期留守的方式就是将产品做极致，将核心业务做到顶级，在俘获了一定量级的"超级用户"后，才可以考虑横向展开。

■ 生态链的发展要逐步实现

相比较凡客的悲剧，京东的发展就是正剧，规规矩矩地将家电卖场做到了全国独大之后，才小心翼翼地增加新品类，待到逐渐被用户接受后，京东的其他业务才顺势展开。如今，京东已经形成了线上销售结合线下服务、线上销售结合线下零售的新型生态链接。

就像线下的"京东京车会"，为每一名相信京东产品的车主提供若干绝对值得信赖的场所。车主们可以在京东商城购买需要的汽车保养品或配件，然后到自己选中的"京东京车会"门店去养护。还有已经成为三大顶级快递的京东快递（另外两个是顺丰快递和品骏快递），现在星罗棋布兴起的京东便利店，都是京东逐步发展的生态链的一步。

京东生态链的建设在稳步成型中，之所以没有遇到任何阻力，就是因为京东在前期将自己的核心业务做到了极致，成为行业的绝对领军者，在发展生态链的过程中也是稳步前行，逐步铺开。

8.4 建立中下游生态链，为核心业务服务

在生物界，生态链的形成是从高到低的，站在生态链顶端的生命和处于生态链低端的生命同样重要，缺少了哪一环节都会导致生态链的断裂。商业生态链的形成也是线性的，只是不是从高到低，而是从上到下，分为上游、中游、下游。

对于已经有能力进行生态链打造的企业来说，先布局企业的中下游，为企业的核心业务服务，是建立生态链的第一步。

20年前，在互联网崛起的时候，中国诞生了一批影响力巨大的互联网企业，其中以BAT最为成功，B是百度，A是阿里巴巴，T是腾讯。

腾讯诞生之初只是一家拥有一款社交软件的小公司，在此后快速发展的过程中，腾讯一直将社交软件（QQ和微信）当成企业的核心业务，然后围绕核心建立起庞大的生态圈（见图8-4）。

第八章 生态：未来企业的竞争是圈与圈的竞争

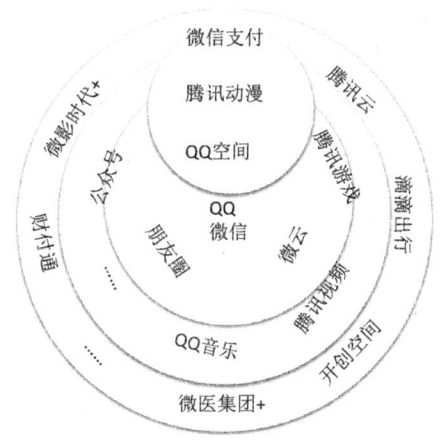

图8-4 腾讯的生态圈

图示：鉴于图片大小有限，不能将腾讯所涉及的所有方面的全部企业都列进去，只进行一部分展示。

这就是腾讯如今的生态圈，种类齐全，上、中、下游齐全。但通过图示可以看出，无论涉及面有多广，最终都是围绕核心业务——QQ和微信展开，也就是说QQ和微信庞大的用户群，托起了腾讯生态链的形成和发展，而生态链上连接的各类产品也依然是为核心业务服务的。比如，朋友圈是服务于微信上的用户，用于个性展现和相互交流；腾讯游戏也是以用户为基础，并为用户带去游戏娱乐；微信支付更是让腾讯用户群体会到了最为方便快捷的消费形式。

在腾讯搭建生态链之时，率先搭建中下游生态链，也就是从用户的需要出发，将这些需要变成现实中的切实供给，满足用户，产品或服务自然会受到用户的认可，生态链的建立也会更加顺利。

■ 生态链的建设从切入"蚂蚁市场"开始

什么是"蚂蚁市场"？相对比的就是"大象市场"。一个成熟的领域市场，格局往往是两到三家巨头占据着70%~80%的市场份额，剩下的市场份额由一众小公司来具体细分，这种大公司吃到大蛋糕的模式就是"大象市场"。比如，社交电商领域，淘宝+天猫商城+京东商城+唯品会组成了"大象"。

而某些行业目前是所谓的"巨头"占据着15%~30%的市场份额，剩下巨大的细分市场则有无数的小厂商供应和服务，类似于"蚂蚁们"吃到了大蛋糕（见图8-5）。

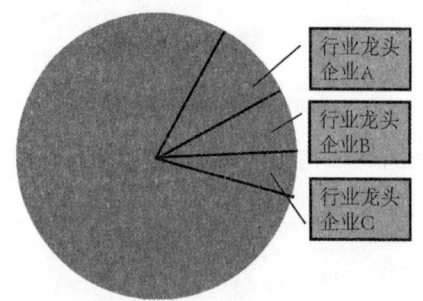

图8-5 "蚂蚁市场"示意图

比如我国照明行业，近几年的总营收都在5000亿元以上的量级，但是前三家最大的照明上市企业总营收占比不到20%，就是一个典型的蚂蚁市场。

小米在围绕"高品质+合理价格"的理念搭建生态链时，着重考虑如何实现硬件产品对用户的覆盖，便在投资布局之前进行了众多消费品行业的市场调研，得出了我国众多行业市场其实尚处于"蚂蚁市场"阶段，呈现的都是规模小、不经济的状态。

这个结论让小米的高层很惊喜，因为这种市场状况带来的直接好处就是准入门槛低，在没有绝对龙头的行业中，不可避免地出现了价格竞争和产品质量两极分化的局面，甚至有黑心厂商依靠低廉的伪劣商品保持经营，而真正负责人的厂商做出来的优质产品却只能通过高毛利来维持运营，因此，要么"优质高价"，要么"低质低价"，好的好，差的差的极端现象既不能有助于消费者提高生活品质，也不符合消费升级的价值主张。

在这种状况下，小米瞄准"蚂蚁市场"开始大量投入，用小米的品牌做先锋，配合价格合理的高品质产品，一举横扫所进入的"蚂蚁市场"，对行业彻底展开竞争性清理，还用户一个干净、透明、高品质的市场环境。

比如小米生态链中的Yeelight照明灯，就是针对照明行业的"蚂蚁市场"现象诞生的，青米的插线板、紫米的移动电源等，都直刺这一市场的痛点。由此可见，小米的生态链布局就是在这样的行业背景之下，在找准了合适的可投资团队或项目后便马不停蹄地开展起来。

■ 推行品牌认知，稳定生态链基石

小米手机追求的高性价比为公司带来了巨大的资金流入，也积攒了大批忠诚的用户，为日后小米自身产品与生态链产品的销售打下了很好的基础。与此同时，手机的研发潜在地锻炼了小米的工程师团队，帮助企业积累下一系列的核心技术。总的来说，小米手机是整个小米生态链搭建的基石。

想要生态链能够稳定发展，企业需要不断推行品牌的认知，也要夯实基石的稳定。品牌是企业持续扩展的基础，只要品牌获得了认可，嫁接在其上的产品和产业链都更容易被认可。而基石决定了生态链能否持续长久和不断昌盛，如果基石不稳，生态链将很快走向没落。

来看看小米如何抓住这两方面？主要有两个因素：一是行业方面，手机从功能机向智能机的转型与电商渠道崛起所带来的行业红利；二是自身方面，高性价比爆款策略的成功运用推动品牌的价值持续增大。

小米手机于2011年正式上市，产品践行的核心策略是在对产品性能、设计、颜值和创新等综合品质提升后的高性价比。第一代小米手机在系统、处理器、内存、屏幕分辨率、摄像头等核心硬件参数对标苹果、三星等国际一流产品不落下风的情况下，售价却不足对手一半。因此，小米的单机利润仅为2美元，远低于苹果151美元、三星的31美元，华为的15美元。

此后，小米手机一直秉持高水准、低定价的原则，不断迭代，不断出新，不断给用户带去惊喜。如果你仍不相信小米手机究竟给用户带来了怎样的使用感受，那么如果在你知道小米的设计思维得到了芬兰设计博物馆、法国逢皮杜艺术中心、德国慕尼黑国际设计博物馆的认可与收藏，已经成为我国制造业迈向世界设计尖端的代表时，会有什么感想？难怪小米品牌如此受追捧，难怪小米生态链能如此迅猛地发展起来，因为小米手机早已经做到了深入人心，大旗不倒，成为支撑小米生态链的绝对核心。

8.5 找到与生态圈匹配的合作对象

建立生态圈从来都不是某个企业的单独行为，这已经是世界商业界的共识。想要搭建生态圈，再大的企业也不可能单独完成，而需要方方面面许多企业的共同参与。当然，这些企业的参与只能是主动的，绝不能是被动的。是企业看到了参与进某个企业正在打造的生态链内，会使企业在更快的时间内得到更大的收益，于是企业就主动来了，希望参与进来。而企业在迎来参与者之时，也不应该是设限的（对虚假厂商除外），任由企业来来走走，能留在生态链中的都是凭产品得到用户认可的，用户不认可的自然就淘汰了。

第八章 生态：未来企业的竞争是圈与圈的竞争

就像谷歌公司开发的安卓系统，架设在其上的软件何止十万，安卓开发团队只负责给提供接口，至于能否成功，安卓就不负责了。虽然看起来这好像是一种借鸡生蛋的战术，安卓利用这些进来的软件为自己争取到了极大的市场份额。但是，任何合作都是相互的，安卓与嫁接在其上的软件背后的开发公司，就是合作对象的关系，而且是建立在生态圈匹配基础上的合作对象。

鞋合不合适，只有脚知道；那么脚的大小如何，也只有鞋清楚。所以，在生态链上合作的各方，都是各取所需，在合作中得到比未合作时更大的利益和更广阔的商业前景。其实，寻找合作对象，通常分为三种模式：

■ 围绕自己的核心业务广泛征集合作对象

这种模式必须是具备一定规模的公司才能做到的，就像我们一直说的阿里巴巴、腾讯、小米，都是某个领域内龙头的领军型企业，具备了行业内的绝对影响力，有凭借自身搭建起生态圈的能力（见图8-6）。

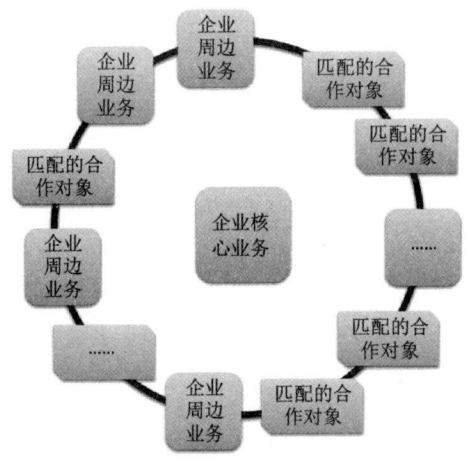

图8-6　围绕企业核心业务广泛征集合作对象建立生态圈

这种模式在一些顶级企业的经营过程中很容易被看到，就像与我们生活息息相关的微信、天猫、百度一下等产品，背后的企业就是凭借自身的实力发展起了覆盖面极为广大的生态圈。这样的企业都无疑将自身最核心的业务作为生态圈的中心，然后广泛吸纳匹配的合作对象。

就像百度，以搜索引擎"百度一下"为核心，建造了几大系列的生态圈，如流量分类（百度浏览器、百家号、百度新闻……）、社交（百度贴吧）、金融（百度钱包、百度财富、百度众筹、百度银行、百度理财、百度股市通……）、O2O（百度地图、优信二手车、百度外卖、齐家网、百姓网、安居客……）、娱乐（百度视频、百度糯米电影、百度阅读……）、医疗（百度健康、拇指医生……）、工具（安全卫士、百度魔图……）、硬件（百度云OS、小度WiFi、百度智能汽车……）、企业服务（百度云、百度网盘、百度Hi、百度推广、百度联盟、百度统计……）。

■ 与匹配的合作对象组成生态圈

但如果是尚未壮大成行业顶级的企业也想做生态圈，该怎么办呢？很多人看到这个问题都会觉得奇怪，一个不具备实力的企业也可以做生态圈吗？通常情况下是不可以的，毕竟实力还是非常重要的。但是，凡事无绝对，就是有少数企业将建造生态圈的梦想提前完成了。

比如，成立早期的Google面临的IE市场情况是：基本上都被微软杀光了，根本没剩下多少残渣剩饭。Google要怎么办才能生存下来？仿佛弱小者应该考虑的是这个问题。但拉里·佩奇和谢尔盖·布林却考虑如何从微软手中抢到市场。当时微软有一个很微妙却容易被忽视的动作，就是在"战争"结束后，解散了整个IE团队。于是，佩奇和布林两人决定，将自己的Google浏览器共享出去，广泛招募其他匹配的公司在其上开发各种工具和让开发者围绕Chorme建立各种小应用。当微软终于注意到曾经的"小弟"已经做大想要重组IE团队予以反击时,已经来不及了,IE的市场份额逐月下滑依然无法挽回。

Google在击败微软IE的过程中,与其他众兄弟一并建立起了自己的生态圈,现在兄弟队伍仍在逐步增强,成了世界级商业生态系统之一。

简单地概括,如此建立生态圈的过程也是以弱胜强的过程,虽然只在部分领域使用,但只要有这样的机会就一定要抓住,可以让企业少奋斗许多年而快速地成为顶级。

■ 寻找合适的生态圈融合进去

还有一些小型企业,尚处于发展阶段,完全没有能力自己建造生态圈,但是又希望享受到生态圈带来的好处,此时,唯一的做法就是加入某一个顶级企业建造的生态圈中,也就是将自己置身于生态圈的庇护之下,得到单打独斗时无法获得的利益。

如果希望在生态圈内尽可能地逗留的时间长久,获得的利益最大(不损害生态圈整体发展的前提),使企业尽快壮大,在选择生态圈时要注意以下两点:

1. 不能随便进入生态圈。这不是饥不择食的过程,而是要精心选择的过程,首先企业要和生态圈匹配类型,还要和生态圈未来的发展路径相吻合。

2. 不能随便撤离生态圈。如果选对了生态圈,就需要坚守下去,或许有一时的利益相害,但只要坚守本心、守住底线,企业最终能在生态圈中逐渐出头,成为某方面的领军型企业。

8.6 不断跨界、不断延展，壮大生态圈

跟独立的企业一样，在经营正常、模式正确的情况下，生态圈也是不断发展和持续壮大的。因此，当生态圈发展到一定时期，就不能只围绕相关性去做，而是只要看到有价值就可以去做。说得直白一些，就是看到哪个行业（通常为新兴行业）有价值、哪个市场（通常为细分后的市场）有价值、哪个领域（通常为新开发的蓝海领域）有价值，生态圈裹挟着其中的所有企业就要滚动到哪里，像一台过滤器一样，将所到之处的利益都吸附进自己的体系内，进行整合过滤后再释放出来，这个吸收营养的过程就能让生态圈逐渐壮大。

关于这方面，腾讯最有发言权，腾讯的"大扫把作风"历来受到业界质疑，认为腾讯这样所到之处利益尽收的做法对企业的发展并不好，会导致盘子过大，以后转动困难。但是，腾讯好像从来不听外界的言论，自顾自地滚动扩大着生态圈，真正做到了"有利益的地方就有腾讯"。

其实，对于发展生态圈的企业来说，到"利益最大的地方去"是最正确的选择，只有收割到一片片利益的麦田，才能最终让腾讯吃得越来越饱。

在如今已经开始搭建或者已经搭建成生态链情况下，就应该像腾讯一样不断跨界和不断延展，将自己的生态圈壮大。

第八章 生态：未来企业的竞争是圈与圈的竞争

■ 跨界——在有所相关的情况下进行跨界

通常意义上的跨界是指完全与当下领域不沾边的跨界，是一种纯粹的跨界。就像当年史玉柱在凭借脑白金东山再起后，转身投入网游行业，开发《征途》，当时就引起一阵惊呼，简直就是风马牛不相及嘛！

在生态圈里的跨界则是一种不纯粹的跨界，是带着藕断丝连情结的（见图8-7）。就像百度跨界了一级分类市场——流量开发、社交、金融、电商、O2O、娱乐、教育、医疗、硬件、工具、企业服务，但这些最终都建立在互联网的基础上，离不开互联网在背后的支撑。比如百度硬件中的智能汽车，除了汽车领域的技术外，还需要网络技术的支持；再比如百度O2O中的百度地图，也是一款建立在互联网基础上的软件。

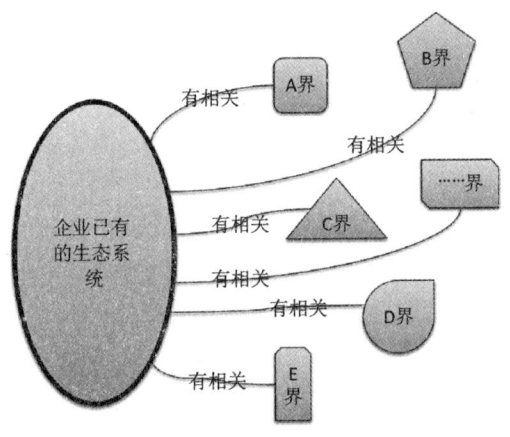

图8-7 有所相关的跨界

由此可以看出，百度的跨界都是围绕在互联网技术内，能够提供技术支持的就可以跨入，不断扩大企业的生态圈系统。

■ 延展——在没有联系的情况下进行延展

为了弥补在生态圈中不能完全跨出界的情况，还有一种情况叫延展，也可以看成纯粹的跨界，就是和当下的领域完全没有联系（见图8-8）。

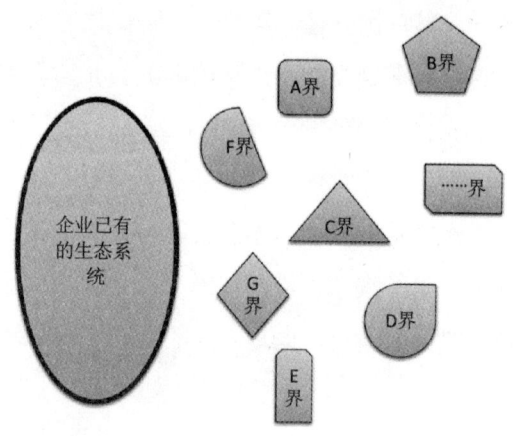

图8-8 完全无关的延展

在这方面，做得好的企业当属小米。现在在小米线下店中你可以看到很多意想不到的产品，比如饭锅、茶杯、牙刷、靠枕……它们与传统的小米手机、小米电脑和非传统的小米手环、小米耳机、小米移动电源一起被顾客鉴赏品味着。

这就是小米的延展，一种横跨度达到不可思议的延展。或许你永远也不会相信，小米为什么要卖锅碗瓢盆，但小米现实中就卖上了，而且以后还会扩展出更多意料之外的产品，我们就等着看惊喜吧！

有人或许会怀疑，这么多"乱七八糟"的东西会不会影响到小米正统产品的销售。这真的是多虑了，这些产品不仅没有添乱，还增加了人们对小米线下店的兴趣。我就是很好的例子，总喜欢在消闲时去小米的店里看看，虽然多数时间是什么也不买，但那种惬意的环境和精美的商品，还是让人有种不舍的感觉。就是这种不舍，牵引我下一次再去。

8.7 根据竞争对手的动态吸纳新生物

生物界的生态圈是不断淘汰旧物种、不断产生新物种的循环，只有不断地更新，生物才能逐代进化。同为生态圈，商业的生态圈也应该是不断有新物种诞生，然后淘汰旧物种的过程。当然，建立生态圈的企业，可通过自身的实力进化出新物种（新产品），但毕竟没有生物界那么长的时间可以利用，仍需要从外界直接吸纳新物种（新产品），以便进行生物圈更替和壮大。

但要注意，吸纳的新物种必须满足两点需要：一是要符合生态圈健康发展的需要，能够对生态圈进行有效补充；二是根据对手生态圈的动态进行有针对性的吸纳，可以让生态圈更加健壮。

■ 通过对生态圈进行有效补充

有人问：生态圈什么时候算是扩大完成？

我可以反问：大自然什么时候算是进化完成？

如果你回答不了我的问题，我也回答不了你的问题。大自然的进化是无止境的，因为竞争永远在，为了能跑赢竞争的大戏，就必须要持续进化，演变成更厉害的新物种，否则就会被无情淘汰。企业的生态圈也是一样，不是扩大无止境，要永远扩张下去，而是要不断保持替旧革新，用新生事物（产品或服务）进行迭代或者进行补充。

说起百度地图几乎无人不知无人不晓，绝对是出门旅行的必备上品。2004年，在中国根本没有形成导航的概念时，百度就开始成立研发组，要研发中国的导航软件。不仅要走在行业前列，也是要在生态圈建造的关键阶段助推一把。第二年百度地图发布了，虽然那时候还不成熟，但这款能帮助人们解决出行问题的小软件还是在人们的追捧中逐渐长大了。

与百度地图遥相呼应的是高德地图。相对百度的自行打造，如今在阿里巴巴旗下的高德地图是圈入产品。在进行阿里系生态圈建设的过程中，自然也不会放过能对自身壮大有助益的优质产品，于是高德地图被吸入进来，成为如今导航领域的又一个翘楚。

■ 按照对手的步骤下自己的棋局

下棋对弈从来都是一人一着，看着对手的着数，使出自己的破解着数。企业生态圈在建设的过程中，也会有与对手博弈的时候，也应该见着拆着，让自己的每一步都不落后于对手，甚至领先于对手。

在打车软件出现的时候，一下子飚出了上百款软件，最终在残酷的生死决斗中，滴滴打车和快的打车两款软件胜出，成了该领域的龙头，两家企业所占的市场份额相差无几，竞争看起来会继续下去。事实也的确如此，竞争在明争与暗斗之中进行着。

但是忽然有一天，人们发现，滴滴打车和快的打车的竞争升级了，从产品和服务变成了扩张和烧钱，在人们反应过来后才意识到，原来竞争的主体已经变成了背后的"金主"——腾讯和阿里巴巴。竞争的形成逐步升级，最终演变为两家同时开启红包补贴的烧钱，半年多时间烧掉24个亿。虽然两家都没能打倒对方，但彻底荡平了市场上其他的打车软件，将这一行业变成了两家共享，各占一半的均势。随后两家打车软件的竞争回归理性，开始新一轮的竞争。

这两款打车软件能够一路走来，离不开两大生态圈——阿里巴巴和腾讯的鼎力支持，之所以要支持两家新兴的打车软件公司，目的不仅是为了补充自己的生态圈系统，更是瞄着对手的动态进行物种的吸纳。

阿里巴巴的动作快了一步，先吸纳了快的打车，腾讯可以像百度那样按兵不动，不介入这个市场，但腾讯选择了介入，那就要快，于是选中了滴滴打车，接下来势必要展开竞争。快的宣布介入支付宝，滴滴紧接着介入微信支付，滴滴宣布红包补贴，快的立即宣布烧钱。每一步都是要破对手的棋局，还要布好自己的子力，争取先声夺人。

因为有了这种根据竞争对手动态而行动的准则，生态圈才有了另一种逐渐扩大的方式，毕竟不能眼见着对手越发强大而自己岿然不动吧！

总之，企业的常青最终需要建立在生态圈的长青上。在竞争日趋理性的时代背景下，无疑更强大的企业更具竞争力和生命力！